Christine Grohmann-Steiger / Wilfried Schneider

Einführung in die Buchhaltung im Selbststudium

Einführung in die Buchhaltung im Selbststudium

Band II

Übungsteil

15. überarbeitete Auflage

Mag. Dr. Christine Grohmann-Steiger
Univ.-Prof. Dr. Wilfried Schneider

EURO-Fassung

(Gesetzesstand 1. August 2002)

Bibliografische Information Der Deutschen Bibliothek

Die Deutsche Bibliothek verzeichnet diese Publikation in der Deutschen Nationalbibliografie; detaillierte bibliografische Daten sind im Internet über http://dnb.ddb.de abrufbar.

Umschlaggestaltung: A + H Haller
Druck: Leukauf
Printed in Austria 2002
ISBN 3-85428-446-2

**LERN-
HINWEIS**

- Zu fast jedem Kapitel der Informationen finden Sie Übungsbeispiele.

  Sie werden durch einen dicken Pfeil, in dem die Nummer der Übungsbeispiele im Übungsteil angegeben sind, auf diese Übungen verwiesen.

  Arbeiten Sie bitte die Übung Nr. ....
  Übungsteil

- DIESER ÜBUNGSTEIL IST WIE FOLGT AUFGEBAUT:
  - ÜBUNGEN ZU DEN EINZELNEN KAPITELN sind DURCH ÜBERSCHRIFTEN HERVORGEHOGEN
  - Die ÜBUNGSBEISPIELE sind LAUFEND NUMMERIERT
  - Jedes Übungsbeispiel beginnt mit der ANGABE, daran schließen, falls erforderlich, LEERKONTEN an.

- Versuchen Sie jedes Übungsbeispiel selbstständig zu lösen. Lesen Sie nur bei Problemen den KOMMENTAR (schließt an die Angabe bzw. an die Leerkonten an). Die Kommentare geben jeweils nur zu neuen Problemstellungen Hilfe.

- Nach dem Kommentar finden Sie den Verweis auf die LÖSUNG. Die Lösungen finden Sie als ANHANG X am Ende des Informationsteiles. Sie sind entsprechend den Übungsbeispielen nummeriert.

- Nach jedem Übungsbeispiel sowie deren Lösung finden Sie einen Verweis entweder auf das nächste Übungsbeispiel oder einen Rückverweis auf den Informationsteil.

  Der Rückverweis auf den Informationsteil ist ebenfalls durch einen dicken Pfeil gekennzeichnet.

  Informationen zu den nächsten Beispielen
  Informationsteil, Kapitel ....

Die Übungsbeispiele sind als Selbstkontrolle Ihres Lernfortschritts gedacht. Versuchen Sie daher, die Aufgaben wirklich selbstständig zu lösen. Schlagen Sie erst dann in den Lösungen nach, wenn Sie mit der Aufgabe fertig sind.

Übungen zu 1.5 - Das Konto

Übung 1

Ermitteln Sie bitte den Saldo des nachfolgenden Kontos

Dat.	Beleg	Text	Soll	Haben
2.10.	ER 160	Kauf Handelswaren		5.000,-
4.10.	BA 112	Überweisung	2.000,-	
7.10.	BA 115	Überweisung	1.000,-	
14.10.	ER 187	Kauf Büromaterial		1.000,-
20.10.	KA 345	Barzahlung	500,-	

Handelt es sich bei diesem Saldo um einen
- Sollsaldo
- Habensaldo

Zutreffendes bitte anhaken.

Kommentar zu Ü 1

Hier werden Sie sicher keine zusätzliche Hilfe benötigen.
Vergleichen Sie gleich Ihre Lösung mit der Musterlösung.

Nach Lösungsvergleich ⟶ weiter mit Übung 2

Übung 2

(1) Verbuchen Sie im unten abgebildeten Kassakonto folgende Tatbestände:

(a) Wir verkaufen Waren gegen Barzahlung um € 4.000,-.
(b) Wir zahlen für die Miete unseres Geschäftslokals € 500,- bar.

(2) Errechnen Sie bitte den Saldo und setzen Sie diesen ein.

(3) Bilden Sie die Summen der Betragsspalten und schließen Sie das Konto formal richtig ab.

KASSAKONTO

Dat.	Text	Soll	Haben
1.2.	Anfangsbestand	1.500,-	
	Wareneinkauf		1.000,-
	Kauf Reinigungsmaterial		220,-

Obiges Kassakonto zeigt einen
- Sollsaldo
- Habensaldo

Zutreffendes bitte anhaken.

Das Kassakonto ist der Form nach ein
- paginiertes Konto
- foliiertes Konto

Zutreffendes bitte anhaken.

Kommentar zu Ü 2

ad (1.a.) Wir haben Waren verkauft und dafür Bargeld bekommen. Unser Kassabestand wurde dadurch erhöht. Wir geben also Geld in die Kassa dazu, d.h. wir buchen € 4.000,- im Soll, wo auch der Anfangsbestand verbucht wurde.

ad (1.b.) Wir zahlen Miete, d.h. wir nehmen dafür Geld aus der Kassa. Der Kassabestand wird dadurch weniger, wir ziehen € 500,- vom Kassabestand ab, d.h. wir buchen den Betrag auf der Gegenseite, also im Haben.

ad (2) Am Kassakonto ist immer die Sollseite (Bestand) größer. Sie wissen selbst, wenn Sie in Ihrer Geldbörse kein Geld mehr haben, können Sie auch keines herausnehmen. Das Kassakonto hat daher immer einen Sollsaldo.

Nach Lösungsvergleich ⟶ weiter mit Übung 3

Übung 3

Verbuchen Sie nachfolgende Tatbestände im untenstehenden Kassakonto.

Statt eines Datums geben Sie bitte die Nummern der 5 Geschäftsfälle an. In die Textspalte tragen Sie bitte eine Kurzbezeichnung für den jeweiligen Geschäftsfall ein. Ermitteln Sie anschließend den Saldo und schließen Sie das Konto ab.

(1) Anfangsbestand € 1.000,-
(2) Wir zahlen eine Reparaturrechnung bar € 450,-
(3) Wir heben Wechselgeld vom Bankkonto ab und legen es in die Kassa: € 500,-
(4) Ein Kunde zahlt seine alte Schuld bar € 320,-
(5) Wir geben einem Zusteller ein Trinkgeld € 2,-

KASSAKONTO

Nr.	Text	Soll	Haben

Kommentar zu Ü 3

ad (1): Auf der Sollseite des Kassakontos werden die Bestände bzw. Eingänge in die Kassa verbucht.

ad (2): Um eine Rechnung bar bezahlen zu können, müssen wir Geld aus der Kassa nehmen, der Bargeldbestand wird vermindert.

ad (3): Wir legen Geld (Wechselgeld) in die Kassa hinein, unser Kassenbestand wird größer. Eingänge werden im Kassakonto im Soll verbucht.

ad (4): Ein Kunde zahlt seine Schuld bar, d.h. wir bekommen von ihm Geld, das wir in die Kassa legen, unser Kassabestand wird wieder vermehrt, daher Verbuchung im Soll.

ad (5): Um ein Trinkgeld geben zu können, müssen Sie Geld aus der Kassa herausnehmen, der Kassabestand wird kleiner. Verminderungen des Kassabestandes werden auf der Gegenseite, also im Haben verbucht.

Nach Lösungsvergleich

Informationen zu den nächsten Übungsaufgaben
Informationsteil, Kapitel 2

Übungen zu 2.2.1 und 2.2.2 - Inventur, Inventar, Bilanz, Betriebsvermögensvergleich

Übung 4

Erstellen Sie auf einem Blatt Papier aus den untenstehenden Angaben

(1) die Bilanzen per 31.12.2002 und per 31.12.2003 und

(2) ermitteln Sie den Gewinn bzw. den Verlust durch Betriebsvermögensvergleich, wenn der

a) im Jahr 2003 Privateinlagen von € 40.000,- getätigt hat.
b) im Jahr 2003 Privatentnahmen von € 20.000,- getätigt hat.

	31.12.2002	31.12.2003
Gebäude	€ 180.000,-	€ 160.000,-
Lieferverbindlichkeiten	80.000,-	50.000,-
Warenbestand	30.000,-	40.000,-
Bankschulden	50.000,-	30.000,-
Kassa	20.000,-	10.000,-

Kommentar zu Ü 4

ad Bilanzerstellung

Die Aktiva einer Bilanz geben Auskunft über die Mittelverwendung (das Vermögen) eines Unternehmens. Das Vermögen setzt sich in unserem Beispiel zusammen aus: Gebäude, Warenbestand und Kassabestand

Die Passivseite der Bilanz gibt Auskunft über die Mittelherkunft, über das Kapital. Die Lieferverbindlichkeiten und die Bankschulden sind Fremdkapital.

Aus der Bilanzgleichung ergibt sich das Eigenkapital (Reinvermögen):

Aktiva - Fremdkapital = Eigenkapital (Reinvermögen)

ad Betriebsvermögensvergleich

Beim Betriebsvermögensvergleich wird das Reinvermögen am Ende des Jahres mit dem Reinvermögen zu Beginn dieses Jahres verglichen. Diese Differenz wird um die Privateinlagen/ -entnahmen korrigiert.

Variante a): Hätte der Unternehmer keine Privateinlagen getätigt, wären Vermögen und Eigenkapital kleiner.
Privateinlagen sind daher abzuziehen.

Variante b): Hätte der Unternehmer keine Privatentnahmen getätigt, wären Vermögen und Eigenkapital höher, d.h. Privatentnahmen sind dazuzuzählen.

Nach Lösungsvergleich ⟶ weiter mit Übung 5

Übung 5

Erstellen Sie auf einem Blatt Papier aus den untenstehenden Angaben

(1) die Bilanzen per 31.12.2002 und per 31.12.2003 und

(2) ermitteln Sie den Gewinn bzw. den Verlust durch Betriebsvermögensvergleich, wenn der Unternehmer

a) im Jahre 2003 keine Privatentnahmen oder -einlagen getätigt hat.

b) im Jahre 2003 Privatentnahmen in Höhe von € 30.000,- getätigt hat.

c) im Jahre 2003 Privateinlagen von € 40.000,- getätigt hat.

	31.12.2002	31.12.2003
Maschinen	€ 800.000,-	€ 700.000,-
Geschäftsausstattung	400.000,-	350.000,-
Warenbestand	100.000,-	100.000,-
Bankguthaben	20.000,-	100.000,-
Lieferantenschulden	300.000,-	250.000,-

Beantworten Sie bitte im Anschluss an die Erstellung der Bilanzen und der Durchführung der Betriebsvermögensvergleiche die folgenden

Zusatzfragen:

(1) Welche Positionen in den erstellten Bilanzen werden ziemlich genau den realen Gegebenheiten entsprechen und welche werden eher "verzerrt" sein?
Begründen Sie bitte Ihre Antwort.

(2) Wird der "wahre" Gewinn bzw. das "richtige" Eigenkapital eher größer oder kleiner sein?
Begründen Sie bitte Ihre Antwort.

(3) Stellen Sie für die Schlussbilanz 2003 die Bilanzgleichungen auf.

Kommentar zu Ü 5

ad Bilanzerstellung und Betriebsvermögensvergleich:

Sollten Sie noch Schwierigkeiten gehabt haben, arbeiten Sie bitte nochmals den Kommentar zu Ü 4 bzw. die Informationen im Teil I durch.

ad Zusatzfragen:

(1) Überlegen Sie, bei welchen Vermögensgegenständen Veränderungen (z.B. durch Preisänderungen) wahrscheinlich sind.

(2) Denken Sie an das Prinzip der "kaufmännischen Vorsicht".

Nach Lösungsvergleich ⟶ weiter mit Übung 6

Übung 6

Überlegen Sie, wie Sie die folgende Bilanz aufstellen können:

Gebäude	€	250.000,-
Bankschulden	€	180.000,-
Warenbestand	€	60.000,-
Bankguthaben	€	5.000,-
Lieferverbindlichkeiten	€	200.000,-

Kommentar zu Ü 6

Hier sind die Schulden größer als das Vermögen.

- o In der Bilanz müsste diese Überschuldung durch den Posten "Nicht durch Eigenkapital gedeckter Fehlbetrag" ausgewiesen werden - vgl. § 225 HGB (**Anhang I**).
- o Natürlich müsste nun überlegt werden, wie das Unternehmen saniert werden könnte.

Nach Lösungsvergleich

Informationen zu den nächsten Übungsaufgaben
Informationsteil, Kapitel 2.2.3 bis 2.2.5

Übungen zu 2.2.3 - Die Erfolgsermittlung durch die Gewinn- und Verlustrechnung zu 2.2.4 - Die doppelte Gewinnermittlung

Übung 7

- o Erstellen Sie in übersichtlicher Form auf einem Extrablatt aus den nachfolgenden Positionen
  - die Eröffnungsbilanz und die Schlussbilanz jeweils für Variante A und B sowie
  - die Gewinn- und Verlustrechnung (Variante A und B) einer Boutique, die in einem gemieteten Geschäftslokal tätig ist.
- o Kontrollieren Sie, ob die doppelte Gewinnermittlung in beiden Fällen zum gleichen Ergebnis führt.

Beachten Sie bitte:

- Sie müssen die Daten erst richtig ordnen und sich ihre Veränderungen überlegen.

  Beispiel: Ermittlung (Kontrolle) des Kassenbestandes, Variante A:

	Anfangsbestand	€	10.000,-		
+	Barerlöse	€	120.000,-	€	130.000,-
-	Bareinkäufe	€	40.000,-		
-	Schuldenzahlung	€	25.000,-		
-	Miete, Gehälter	€	27.000,-		
-	Privatentnahme	€	30.000,-	€	122.000,-
=	Kassaendbestand			€	8.000,-

- Haben Sie die Endbestände aller Bestandskonten ermittelt, müssen Sie die Schlussbilanz aufstellen.
  Um die G+V-Rechnung erstellen zu können, müssen Sie den Wareneinsatz ermitteln.
  Haben Sie Schwierigkeiten, gehen Sie das Beispiel mit dem Maronibrater nochmals durch.
- Bevor Sie zu Variante B gehen, sollten Sie die Lösung und den Kommentar zu Variante A durcharbeiten.

	Variante A	Variante B
Endbestände des Vorjahres		
Warenbestand	€ 20.000,-	€ 15.000,-
Kassenbestand	10.000,-	20.000,-
Lieferantenschulden	15.000,-	10.000,-
Während des Jahres ergaben sich **folgende Geschäftsfälle:**		
Erlöse aus Warenverkäufen bar	120.000,-	90.000,-
Wareneinkäufe gegen Barzahlung	40.000,-	30.000,-
Wareneinkäufe gegen Schulden	20.000,-	15.000,-
Barzahlung von Schulden	25.000,-	10.000,-
Barzahlung Miete	12.000,-	15.000,-
Barzahlung Gehalt	15.000,-	30.000,-
Privatentnahme bar	30.000,-	18.000,-
Lt. Inventur sind noch Waren im Wert von auf Lager, der Rest wurde um die angegebenen Erlöse verkauft	30.000,-	10.000,-
Kassenstand per Jahresende	8.000,-	7.000,-

o **Zusatzfrage zu Variante B:**

Überlegen Sie, wieso Privatentnahmen getätigt werden konnten, obwohl ein Verlust vorliegt.

Kommentar zu Variante A:

Sie sollten in folgenden Schritten vorgehen:

(1) Erstellung der Eröffnungsbilanz (Bilanz des Vorjahres)

(2) Um die Schlussbilanz erstellen zu können, bedarf es einiger Vorarbeiten:

- Kontrolle des Kassenbestandes am Jahresende
  Diese Kontrolle haben wir Ihnen vorweg gezeigt

- Ermittlung der Lieferantenschulden am Jahresende

  Anfangsschuld
  \+ Wareinkäufe gegen Schulden
  \- Schuldenzahlung
  ____
  Endschuld

(3) Erstellung der Schlussbilanz

(4) Ermittlung des Gewinnes mittels Betriebsvermögensvergleichs

(5) Vor Ermittlung der Gewinn- und Verlustrechnung müssen Sie den Wareneinsatz errechnen

  Warenanfangsbestand
  \+ Zukäufe
  \- Warenendbestand
  ____
  Wareneinsatz

(6) Nun können Sie das G+V-Konto erstellen und den Gewinn durch Gegenüberstellung der Aufwände und Erträge ermitteln.

(7) Der Gewinn nach Betriebsvermögensvergleich muss gleich sein dem Gewinn, den Sie im G+V-Konto ermittelt haben.

Bearbeiten Sie bitte erst nach Lösungsvergleich - bei Fehlern erst nach nochmaligem Studium der Informationen - Variante B.

Kommentar zu Variante B:

Die Arbeitsschritte sind die gleichen wie bei Variante A, nur mussten Sie diesmal auch den Kassenendbestand kontrollieren.

Sowohl der Betriebsvermögensvergleich als auch die Gegenüberstellung der Aufwände und Erträge zeigen einen Verlust.

Privatentnahmen tätigen heißt, Eigenkapital dem Unternehmen zu entziehen.

Das kann dadurch erfolgen, dass
- man Geld aus der Kasse entnimmt und den Kassenbestand verringert.
- man Waren auf Schulden einkauft, diese bar verkauft, die Erlöse entnimmt und die Waren weiterhin schuldig bleibt.
- Bankschulden erhöht (d.h. aus dem Bankkonto Beträge entnimmt, die die Schulden erhöhen - hier nicht der Fall).

Nach Lösungsvergleich

Informationen zu den nächsten Übungsaufgaben
Informationsteil, Kapitel 2.3

Übungen zu 2.3.2 - Die laufenden Buchungen

Übung 8

- o Die Geschäftsfälle (a) bis (d) stehen in keinem Zusammenhang.
- o Verbuchen Sie die Geschäftsfälle (a) bis (d) auf den vorgegebenen paginierten Konten. Tragen Sie das Buchungsdatum in der Datumspalte ein. In der Textspalte sind Belegsymbol und Belegnummer anzugeben.
- o Beachten Sie bitte bei jeder Buchung den Grundsatz

Mittelverwendung = Sollbuchung
Mittelherkunft = Habenbuchung

(a) Wir heben € 500,- vom Bankkonto ab und legen diesen Betrag in die Geschäftskasse. Buchung am 4.10., Beleg KE 93.

Kassa

Dat.	Text	Soll	Haben

Bank

Dat.	Text	Soll	Haben
	Div.	48.500	

(b) Wir kaufen Handelswaren auf Ziel € 15.000,-. Buchung am 7.10., Beleg ER 184.

Warenbestand

Dat.	Text	Soll	Haben

Lieferverbindlichkeiten

Dat.	Text	Soll	Haben

(c) Wir begleichen eine Lieferverbindlichkeit in Höhe von € 12.000,- durch Banküberweisung. Buchung am 27.10., Beleg BA 195.
Beachten Sie:
Die Beträge auf den beiden Konten stellen die momentanen Bestände dar.

Bank

Dat.	Text	Soll	Haben
	Div.	48.000	

Lieferverbindlichkeiten

Dat.	Text	Soll	Haben
	Div.		35.000

(d) Wir nehmen ein Darlehen in Höhe von € 50.000,- auf. Dieser Betrag wird zunächst unserem Bankkonto gutgeschrieben. Buchung am 30.10., Beleg BA 198.

Bank

Dat.	Text	Soll	Haben

Darlehen

Dat.	Text	Soll	Haben

Kommentar zu Ü 8

ad (a) Durch die Abhebung vom Bankkonto bekommen wir Geldmittel, daher
Bank Haben € 500,- (Herkunft).
Das Geld wird dazu verwendet, den Kassabestand zu erhöhen:
Kassa Soll € 500,- (Verwendung).

ad (b) Wir vermehren unseren Vermögensbestand, nämlich durch den Kauf von Handelswaren:
Warenbestand Soll € 15.000,- (Verwendung).
Die Mittel sind Fremdkapital, da wir die Rechnung zunächst schuldig bleiben. Wir gehen eine Verbindlichkeit ein.
Lieferverbindlichkeiten Haben € 15.000,- (Herkunft).

ad (c) Geld geht aus dem Bankkonto aus. "Überweisen" bedeutet, dass Geld von unserem Bankkonto auf das Bankkonto des Empfängers (in diesem Fall auf das Bankkonto unseres Lieferanten) umgebucht - umgeschrieben - wird. Von unserem Bankkonto wird der Betrag abgebucht, dem Bankkonto unseres Lieferanten wird der Betrag gutgeschrieben.
Die Abbuchung vom Bankkonto bedeutet eine Verringerung dieses Vermögensbestandes.
Bankkonto Haben € 12.000,- (Herkunft).
Diese Mittel verwenden wir dazu, Schulden (Lieferverbindlichkeiten) zurückzuzahlen, also zu verringern.
Lieferverbindlichkeiten Soll € 12.000,- (Verwendung).

ad (d) Unserem Bankkonto werden € 50.000,- gutgeschrieben, d.h. der Bestand auf dem Bankkonto wird mehr. Wir verwenden Geldmittel, um den Bestand am Bankkonto zu erhöhen.
Bankkonto Soll € 50.000,- (Verwendung).
Woher kommt dieses Geld? Wir haben diesen Betrag von einem Geldinstitut oder von einer Privatperson in Form eines Darlehens erhalten. Ein erhaltenes Darlehen bedeutet für uns Fremdkapital.
Darlehen Haben € 50.000,- (Herkunft).

Nach Lösungsvergleich ⟶ weiter mit Übung 9

Übung 9

Die angeführten Geschäftsfälle stehen in direktem Zusammenhang. Ausgangspunkt ist die Bargründung einer Unternehmung.

Nehmen Sie die Verbuchung auf den vorgegebenen Konten vor. Die Konten sind zu diesem Zweck entsprechend zu benennen.

Soll- und Habenbuchung jedes Geschäftsfalles kennzeichnen Sie durch Angabe der Ziffer des Geschäftsfalles in der Textspalte der betreffenden Konten.

(1) Wir gründen ein Einzelunternehmen zur Möbelerzeugung. Wir legen zu diesem Zweck € 20.000,- in die Geschäftskasse und eröffnen ein Postsparkassenkonto (PSK-Konto) mit einer Einlage von € 40.000,-

(2) Wir kaufen Rohstoffe (diverse Hölzer) um € 15.000,-; € 5.000,- davon zahlen wir bar. Die restlichen € 10.000,- stundet uns der Lieferant.

(3) Wir kaufen eine Werkbank: € 15.000,-. Wir zahlen die Rechnung durch Überweisung vom PSK-Konto.

(4) Wir eröffnen ein Bankkonto und überweisen € 10.000,- vom PSK-Konto auf das neu eröffnete Bankkonto.

(5) Wir kaufen Handelswaren (Lampen, Beistelltische) um € 4.000,-. Wir begleichen die Rechnung bar.

(6) Wir zahlen die restliche Schuld an unseren Lieferanten durch Überweisung vom PSK-Konto.

Text	Soll	Haben

Text	Soll	Haben

Text	Soll	Haben

Text	Soll	Haben

Text	Soll	Haben

Text	Soll	Haben

Text	Soll	Haben

Text	Soll	Haben

Kommentar zu Ü 9

ad (1) Die verwendeten Mittel zur Geschäftsgründung stammen vom Eigentümer, daher
Eigenkapital Haben € 60.000,- (Herkunft).
Ein Teil der Mittel wird in die Geschäftskasse eingelegt:
Kassakonto Soll € 20.000,- (Verwendung).
Der größere Teil des Eigenkapitals wird auf ein PSK-Konto eingezahlt:
PSK-Konto Soll € 40.000,- (Verwendung).

ad (2) Wir erwerben ein Vermögensgut, nämlich Rohstoffe. Zugänge zu Vermögensgütern stellen Mittelverwendung dar und verlangen eine Sollbuchung:
Rohstoffe Soll € 15.000,- (Verwendung).
Die Mittel zum Erwerb dieser Rohstoffe stammen einerseits aus der Kassa (€ 5.000,-), andererseits stellen sie Fremdkapital dar (wir sind sie dem Lieferanten schuldig geblieben).
Kassakonto Haben € 5.000,-
Lieferverbindlichkeiten Haben € 10.000,- (Herkunft).

ad (3) Ein weiteres Vermögensgut wird erworben, nämlich eine Werkbank. Die Werkbank zählt zum Anlagevermögen der Möbelerzeugung. Die Werkbank zählt zu den Maschinen, wir verbuchen diesen Kauf daher am Konto "Maschinen". Natürlich besteht auch die Möglichkeit, für jedes Anlagegut ein eigenes Konto zu führen. Die Art der Kontenführung hängt sicher von der Größe des Unternehmens bzw. vom Umfang des Anlagevermögens ab. Auf jeden Fall wird für alle Anlagegüter eine Anlagekartei geführt (vgl. 2.2).
Wir verbuchen die Anschaffung der Werkbank
Maschinen Soll € 15.000,- (Verwendung).
Die Mittel, um die Maschine zu bezahlen, nehmen wir von unserem PSK-Konto:
PSK-Konto Haben € 15.000,- (Herkunft).

ad (4) Dieser Geschäftsfall bedeutet nichts anderes als eine Verschiebung innerhalb unserer Vermögensgüter. Das Vermögensgut PSK-Konto wird verringert, dafür wird ein Vermögensgut "Bank" geschaffen.
Der Betrag, den wir vom PSK-Konto abbuchen lassen:
PSK-Konto Haben € 10.000,- (Herkunft)
wird dazu verwendet, als Bestand auf dem neueröffneten Bankkonto aufzuscheinen:
Bank-Konto Soll € 10.000,- (Verwendung).

ad (5) Die Mittel zur Bezahlung der Waren stammen aus der Kassa
Kassakonto Haben € 4.000,- (Herkunft).
Wir verwenden das Geld zum Kauf von Handelswaren. Wir verbuchen wieder einen Zugang zu unseren Vermögensgütern.
Handelswaren Soll € 4.000,- (Verwendung).

ad (6) Durch die Zahlung unserer Lieferantenschulden verringern wir den Bestand an Fremdkapital. Kapitalverminderungen verlangen eine Sollbuchung:
Lieferverbindlichkeiten Soll € 10.000,- (Verwendung).
Die Mittel zur Rückzahlung des Fremdkapitals stammen von unserem PSK-Konto:
PSK-Konto Haben € 10.000,- (Herkunft).

Informationen zu den nächsten Übungsaufgaben
Informationsteil, Kapitel 2.3.3

Übungen zu 2.3 - Von der Eröffnungsbilanz zur Schlussbilanz

Übung 10

(1) Bitte verbuchen Sie die folgenden Geschäftsfälle auf den nachfolgenden, entsprechend bezeichneten Konten.
Den Zusammenhang von Buchung und Gegenbuchung stellen Sie bitte durch Angabe des den Geschäftsfall kennzeichnenden Buchstabens ((a), (b) etc.) in der Textspalte her.

(a) Barzahlung der Geschäftsmiete € 500,-

(b) Die Telefonrechnung wird mit einem Erlagschein bar beglichen € 260,-.

(c) Die Bank schreibt uns Zinsen gut: € 45,-

(d) Kauf von Büromaterial (Schreibpapier, Heftklammern, Radex etc.) bar € 67,-.

(e) Für ein von uns vermitteltes Geschäft erhalten wir eine Provision in Höhe von € 1.200,- durch Banküberweisung.

(2) Schließen Sie nach Verbuchung der Geschäftsfälle die verwendeten Erfolgskonten gegen das G+V-Konto ab, ermitteln Sie den Erfolg als Saldo des G+V-Kontos.

(3) Übertragen Sie den Saldo des G+V-Kontos auf das Eigenkapitalkonto.

Kassa

Text	Soll	Haben
AB	1.400	
a		500
b		260
d		67

Eigenkapital

Text	Soll	Haben
AB		46.000
GEWINN		418

Bank

Text	Soll	Haben
AB	8.240	
c	45	
e	1200	

AUFWANDKONTEN

Mietaufwand

Text	Soll	Haben
a	500	
G+V		500

Telefongebühren

Text	Soll	Haben
b	260	
G+V		260

ERTRAGSKONTEN

Zinsertrag

Text	Soll	Haben
c		45
G+V	45	

Provisionserträge

Text	Soll	Haben
e		1200
G+V	1200	

Büromaterial

Text	Soll	Haben
ol	67	
G+V		67

Gewinn- und Verlustkonto

Text	Soll	Haben
MIETAUFWAND	500	
TELEFONGEBÜHREN	260	
ZINSERTRAG		45
PROVISIONSERTRÄGE		1200
BÜROMATERIAL	67	
GEWINN	418	
	1245	1245

(4) Bitte beantworten Sie die beiden Fragen:

(a) Der Saldo des G+V-Kontos ist ein

X Gewinn
- Verlust Zutreffendes bitte ankreuzen!

(b) Das Eigenkapital wurde durch den Übertrag des Saldos des G+V-Kontos

X erhöht
- vermindert Zutreffendes bitte ankreuzen!

Das neue Eigenkapital beträgt € 46 418

Kommentar zu Ü 10

ad (1) Beachten Sie bitte bei allen fünf Geschäftsfällen den Grundsatz:

Aufwand ⟶ Mittelverwendung ⟶ Soll
Ertrag ⟶ Mittelherkunft ⟶ Haben

(a) Wir nehmen Geld aus der Geschäftskasse, daher
Kassakonto Haben € 500,- (Herkunft).
Damit bezahlen wir die Miete für das Geschäftslokal. Diese Miete ist für uns Aufwand:
Mietaufwand Soll € 500,- (Verwendung).

(b) Vielleicht hat Ihnen die Erlagscheinzahlung Schwierigkeiten gemacht.
Bitte überlegen Sie:
Wenn Sie eine Rechnung mittels Erlagschein am Postamt begleichen, bedeutet dies in der Regel, dass Sie Geld aus der Kassa nehmen. Mit dem Erlagschein und dem Bargeld gehen Sie zum Postamt und zahlen dort das Bargeld ein. Als Bestätigung über die Einzahlung erhalten Sie einen Erlagscheinabschnitt abgestempelt zurück.

Das ist der Regelfall. Wie man einen Erlagschein noch verwenden kann, erfahren Sie im Kapitel über den Zahlungsverkehr.

Die Telefonrechnung stellt für das Unternehmen Aufwand dar, daher
Telefongebühren Soll € 260,- (Verwendung).
Um mit einem Erlagschein zu zahlen, müssen wir das Geld aus der Kassa nehmen:
Kassakonto Haben € 260,- (Herkunft).

(c) Wenn wir für unser Bankguthaben Zinsen bekommen, so bedeutet das einen Ertrag. Erträge bringen dem Unternehmen Mittel, daher

Zinsertrag Haben € 45,- (Herkunft).

Diese Zinsen werden dem Bankkonto gutgeschrieben, d.h. sie vermehren den Bestand auf dem Bankkonto:

Bankkonto Soll € 45,- (Verwendung).

(d) Büromaterial wird sofort als Aufwand verbucht. Sie werden vielleicht einwenden, dass es sich auch hier um Bestände handelt, nämlich um Bestände an Schreibpapier, Heftklammern etc. Dieser Einwand ist sicher richtig. Bedenken Sie nur, wie schnell diese Bestände aufgebraucht sind und durch neue ersetzt werden müssen, bzw. wie wenig davon meistens am Jahresende vorhanden sind. Da diese Beträge gegenüber den tatsächlichen "Beständen" nur klein sind, werden solche "Verbrauchsmaterialien" sofort als Aufwand verbucht.

Büromaterial Soll € 67,- (Verwendung).

Das Geld dafür nehmen wir aus der Kassa:

Kassakonto Haben € 67,- (Herkunft).

(e) Wir bekommen Geld von unserem Geschäftspartner für ein von uns vermitteltes Geschäft. Man bezeichnet Zahlungen, die man für die Vermittlung eines Geschäftes erhält bzw. zu zahlen hat, als Provisionen. Erhaltene Provisionen sind als Erträge zu verbuchen:

Provisionsertrag Haben € 1.200,- (Herkunft).

Der Betrag wird unserem Bankkonto gutgeschrieben, d.h. der Bestand auf dem Bankkonto wird vermehrt.

Bankkonto Soll € 1.200,- (Verwendung).

ad (2) Die Aufwand- und Ertragskonten abschließen heißt, den Saldo des jeweiligen Kontos zu bilden und diese Salden auf das G+V-Konto zu übertragen.
Am G+V-Konto erfolgt die Gegenüberstellung der Aufwände und Erträge, um so den Erfolg ermitteln zu können. Folgende Konten müssen gegen das G+V-Konto abgeschlossen werden:
Mietaufwand, Telefongebühren, Büromaterial als Aufwandkonten; Zinsertrag und Provisionsertrag als Ertragskonten.

ad (3)
und (4) Das G+V-Konto ist ein Vorkonto zum Eigenkapitalkonto. Aufwände und Erträge verändern das Eigenkapital. Diese Veränderung wird durch Übertragung des Saldos des G+V-Kontos auf das Eigenkapitalkonto dargestellt.
In diesem Beispiel sind die Erträge größer als die Aufwände, d.h. der Saldo ist ein Habensaldo, der im Soll des G+V-Kontos eingesetzt wird. Es handelt sich also um einen Gewinn.
Gewinne vermehren das Eigenkapital. Vermehrungen des Eigenkapitals werden gleich dem Anfangsbestand verbucht, also im Haben des Eigenkapitalkontos.

Nach Lösungsvergleich ⟶ weiter mit Übung 11

Übung 11

(1) Verbuchen Sie die folgenden Geschäftsfälle auf den untenstehenden Konten. Versuchen Sie diesmal selbst, die Konten entsprechend zu benennen. Den Zusammenhang von Soll- und Habenbuchung eines Geschäftsfalles stellen Sie durch Angabe des Buchstabens des Geschäftsfalles in den Textspalten her. Die zur Verbuchung dieser Geschäftsfälle notwendigen Bestandskonten sind - mit entsprechenden Anfangsbeständen versehen - schon vorgegeben.

(a) Wir heben vom Bankkonto € 3000,- für den Privaturlaub ab.

(b) Kauf von Briefmarken gegen Barzahlung: € 80,-

(c) Zahlung eines Gehaltsvorschusses an einen Angestellten: € 1.000,- bar.

(d) Wir haben einen Teil unserer Lagerräumlichkeiten vermietet. Wir erhalten dafür an Miete € 500,- durch Banküberweisung.

(2) Schließen Sie die verwendeten Konten (mit Ausnahme der Bestandskonten) entsprechend ab.

(3) Ermitteln Sie den Erfolg aus diesen Geschäftsfällen und übertragen Sie den Saldo des G+V-Kontos auf das Eigenkapitalkonto.

Kassa

Text	Soll	Haben
AB	1.500	
b		80
c		1000

Eigenkapital

Text	Soll	Haben
AB		20.000
PRIVAT	3000	
VERLUST	580	
ENDEIGENKAPITAL	16420	

Bank

Text	Soll	Haben
AB	5.000	
a		3000
d	500	

PRIVAT

Text	Soll	Haben
a	3000	
EIGENKAPITAL		3000

GEHÄLTER

Text	Soll	Haben
c	1000	
G+V		1000

PORTOGEBÜHREN

Text	Soll	Haben
b	80	
G+V		80

MIETERTRAG

Text	Soll	Haben
d		500
G+V	500	

Gewinn- und Verlustkonto

Text	Soll	Haben
GEHÄLTER	1000	
PORTOGEBÜHREN	80	
MIETERTRAG		500
VERLUST		580
	1080	1080

(4) Bitte beantworten Sie die beiden Fragen:

(a) Der Saldo des G+V-Kontos ist ein

- Gewinn
x Verlust

Zutreffendes bitte ankreuzen!

(b) Das neue Eigenkapital beträgt € 16420 .

Kommentar zu Ü 11

ad (1)

(a) Einlagen bzw. Entnahmen des Eigentümers verändern das Eigenkapital des Unternehmens. Diese Veränderungen werden in der Regel auf einem eigenen Vorkonto zum Eigenkapitalkonto verbucht (vgl. 2.3.2.2 (9) im Informationsteil).

Privatentnahmen vermindern das Eigenkapital:
Privatkonto Soll € 3.000,- (Verwendung).
Das Geld für diesen Privaturlaub wurde vom Geschäftsbankkonto abgehoben:
Bankkonto Haben € 3.000,- (Herkunft).

(b) Auch die Briefmarken werden sofort als Aufwand verbucht. (Vgl. Kommentar zu Ü 10 ad (d)) Sie können das Konto mit "Briefmarken" bezeichnen, umfassender wäre vielleicht die Benennung "Postgebühren".
Postgebühren Soll € 80,- (Verwendung)
Das Geld stammt aus der Geschäftskasse:
Kassakonto Haben € 80,- (Herkunft).

(c) Ein Angestellter erhält einen Vorschuss auf sein Gehalt. Gehälter sind für das Unternehmen Aufwand.
Gehälter (Gehaltsaufwand) Soll € 1.000,- (Verwendung)
Das Geld wird bar ausbezahlt, d.h. der Geschäftskasse entnommen:
Kassakonto Haben € 1.000,- (Herkunft).

(d) Wir erzielen durch die Vermietung unserer Lagerräumlichkeiten einen Ertrag
Mietertrag Haben € 500,- (Herkunft).
Die Mietzahlung erhöht den Bestand auf dem Bankkonto:
Bankkonto Soll € 500,- (Verwendung).

ad (2) Beim Abschluss der verwendeten Konten mussten Sie unterscheiden zwischen Aufwand- und Ertragskonten, deren Salden zunächst im G+V-Konto gegenübergestellt werden, und dem Privatkonto, das direkt gegen das Eigenkapitalkonto abgeschlossen wird.

Die Salden der Konten "Postgebühren", "Gehälter" und "Mietertrag" werden also auf das G+V-Konto übertragen.

Die Privatentnahme verringert das Eigenkapital, daher
Eigenkapitalkonto Soll € 3.000,-
Privatkonto Haben € 3.000,-.

ad (3) Am G+V-Konto ist die Aufwandseite größer als die Ertragsseite, wir haben einen Verlust. Der Saldo wird im Haben des G+V-Kontos eingesetzt. Verluste vermindern das Eigenkapital daher
Eigenkapital Soll € 580,-
G+V-Konto Haben € 580,-.

ad (4) Das Eigenkapital hat sich sowohl um die
- Privatentnahme als auch um den
- Verlust
verringert.

Anfangsbestand an Eigenkapital	€	20.000,-
- Privatentnahme	€	3.000,-
- Verlust	€	580,-
Neues Eigenkapital	€	16.420,-

Nach Lösungsvergleich ⟶ weiter mit Übung 12

Übung 12: Eröffnungsbuchungen, laufende Buchungen, Abschlussbuchungen

a) Bitte **eröffnen** Sie alle Bestandskonten und das Eigenkapitalkonto mit Hilfe des EBK. Tragen Sie in der Textspalte jeweils den Namen des Gegenkontos bzw. dessen Kurzbezeichnung ein.

Das **Eröffnungsinventar** zeigt folgendes Bild:

I. Betriebsvermögen		
1. Anlagevermögen		
1.1.Maschinen	€ 50.000,-	
1.2.Fuhrpark	€ 30.000,-	€ 80.000,-
2. Umlaufvermögen		
2.1.Warenbestand	€ 30.000,-	
2.2.Forderungen	€ 25.000,-	
2.3.Bank	€ 10.000,-	
2.4.Kassa	€ 5.000,-	€ 70.000,-
Summe der Aktiva		€ 150.000,-
II. Fremdkapital		
1. Darlehen		€ 45.000,-
2. Lieferverbindlichkeiten		€ 30.000,-
Summe der Passiva		€ 75.000,-

b) **Verbuchen Sie die folgenden Geschäftsfälle.**
Benennen Sie alle Konten sinngemäß. In der Textspalte ist die Nummer des Geschäftsfalles anzugeben (also (1), (2) usw.).

(1) Wareneinkauf auf Ziel € 50.000,-
(2) Warenverkauf auf Ziel € 40.000,-
(3) Wir haben gegen einen Kunden eine Forderung in Höhe von € 20.000,- (ist im Gesamt-Forderungsbestand enthalten). Die Zahlung des Kunden ersehen wir aus dem Kontoauszug (Gutschrift am Bankkonto).
(4) Überweisung der Löhne € 18.000,-
(5) Barzahlung von Reparaturen € 3.000,-
(6) Wir zahlen Lieferverbindlichkeiten durch Banküberweisung zurück: € 10.000,-
(7) Wir zahlen die Zinsen für das Darlehen durch Banküberweisung: € 1.000,-
(8) Warenverkauf auf Ziel € 70.000,-

c) Laut Inventur beträgt der Warenendbestand € 20.000,-. Ermitteln Sie bitte den Wareneinsatz und verbuchen Sie diesen.

d) An Abschreibungen sind zu verbuchen:
- € 5.000,- für Maschinen
- € 10.000,- für Fuhrpark.

e) Nehmen Sie bitte alle Abschlussbuchungen vor. Zu Ihrer Hilfe wollen wir hier nochmals alle Schritte aufzählen:
- Abschluss der aktiven und passiven Bestandskonten gegen das Schlussbilanzkonto
- Abschluss der Aufwand- und Ertragskonten gegen G+V
- Abschluss des G+V-Kontos gegen das Eigenkapitalkonto
- Abschluss des Eigenkapitalkontos gegen das Schlussbilanzkonto.
  Im Schlussbilanzkonto muss nun die Sollseite gleich groß sein wie die Habenseite.

EBK

Text	Soll	Haben
Maschine		50 000
Fuhrpark		30 000
Kassa		5 000
Bank		10 000
Forderungen		25 000
Warenbestand		30 000
Lieferverbindlichkeiten	30 000	
Darlehen	45 000	
Eigenkapital	75 000	
	150 000	150 000

Maschine

Text	Soll	Haben
EBK	50 000	
d		5 000
SBK		45 000
	50 000	50 000

Fuhrpark

Text	Soll	Haben
EBK	30 000	
d		10 000
SBK		20 000
	30 000	30 000

Kassa

Text	Soll	Haben
EBK	5 000	
5		3 000
SBK		2 000
	5 000	5 000

BANK

Text	Soll	Haben
EBK	10 000	
3	20 000	
4		18 000
6		10 000
7		1 000
SBK		1 000
	30 000	30 000

FORDERUNGEN

Text	Soll	Haben
EBK	25 000	
2	40 000	
3		20 000
8	70 000	
SBK		115 000
	135 000	135 000

Warenbestand

Text	Soll	Haben
EBK	30 000	
1	50 000	
C		60 000
SBK		20 000
	80 000	80 000

Darlehen

Text	Soll	Haben
EBK		45 000
SBK	45 000	
	45 000	45 000

Eigenkapital

Text	Soll	Haben
EBK		75 000
G+V		13 000
SBK	88 000	
	88 000	88 000

Lieferverbindlichkeiten

Text	Soll	Haben
EBK		30 000
1		50000
6	10 000	
SBK	70 000	
	80 000	80 000

Handelswarenerlös

Text	Soll	Haben
2		40 000
8		70 000
G+V	110 000	
		110 000

Löhne

Text	Soll	Haben
4	18 000	
G+V		18 000
	18000	18000

Reparaturaufwand

Text	Soll	Haben
5	3 000	
G+V		3000
	3000	3000

Zinsaufwand

Text	Soll	Haben
7	1 000	
G+V		1000
	1000	1000

Abschreibungen

Text	Soll	Haben
01	5 000	
01	10 000	
G+V		15000
	15 000	15000

WES

Text	Soll	Haben
2	60 000	
G+V		60 000
	60000	60000

SBK

Text	Soll	Haben
M	45 000	4
F	20 000	
K	2 000	
B	1 000	
F	115 000	
W	20 000	
D		45 000
E		88 000
L		70 000
	203 000	203 000

G+V

Text	Soll	Haben
Verkaufserlöse		110 000
Löhne	18000	
Reparaturaufwand	3000	
Zinsaufwand	1000	
Abschreibungen	15000	
WES	60 000	
GEWINN	13 000	
	110 000	110 000

Kommentar zu Ü 12

ad (a) Auf aktiven Bestandskonten (= Vermögenskonten) wird der Anfangsbestand im Soll gebucht, auf passiven Bestandskonten im Haben. Das Eröffnungsbilanzkonto nimmt formal die Gegenbuchungen zu diesen Eröffnungsbuchungen auf. Dadurch kann auch bei den Eröffnungsbuchungen der Grundsatz "jede Sollbuchung braucht eine gleich große Habenbuchung" eingehalten werden.

ad (b) Ein Großteil dieser Geschäftsfälle wurde schon in früheren Beispielen erklärt. Wir beschränken daher den Kommentar auf jene Geschäftsfälle, die Sie noch nie oder noch nicht oft geübt haben.

(3) In unserem Forderungsbestand ist eine Forderung in Höhe von € 20.000,- enthalten. Diese Forderung wird durch den Kunden bezahlt. Durch die Kundenzahlung bekommen wir Mittel:

Lieferforderungen Haben € 20.000,- (Herkunft).

Verwendet werden diese Mittel um unseren Kontostand am Bankkonto zu vergrößern:

Bankkonto € 20.000,- (Verwendung).

(7) Borgt man sich Geld von einem Kreditinstitut aus, nimmt man also Darlehen auf, so muss man dafür Zinsen zahlen. Diese Zinsen sind Aufwand, sie werden daher im Soll auf dem entsprechenden Aufwandkonto verbucht:

Zinsaufwand Soll € 1.000,- (Verwendung).

Das Geld für diese Zinszahlung wird von unserem Bankkonto abgebucht:

Bankkonto Haben € 1.000,- (Herkunft).

ad (c) Wir ermitteln den Wareneinsatz unter der Annahme, dass die gesamte Differenz zwischen unseren Aufzeichnungen am Warenbestandskonto und dem Endbestand lt. Inventur verkauft wurde (indirekte Einsatzermittlung):

Anfangsbestand lt. Inventar	€	30.000,-
Zukäufe (Geschäftsfall 1)	€	50.000,-
	€	80.000,-
- Endbestand lt. Inventur	€	20.000,-
Wareneinsatz	€	60.000,-

Sie wissen bereits: der Wareneinsatz ist Aufwand. Durch diese Buchung wird am Warenbestandskonto der Endbestand ausgewiesen.
Daher:

Wareneinsatz Soll € 60.000,- (Verwendung)
Warenbestand Haben € 60.000,- (Herkunft).

ad (d) Abschreibungen drücken die Wertminderung des Anlagevermögens durch den Gebrauch während des Jahres aus.
Laut Angabe sind die Maschinen € 5.000,-, der Fuhrpark um € 10.000,- weniger Wert geworden.

planmäßige Abschreibungen Soll € 15.000,- (Verwendung)
Maschinen Haben € 5.000,- (Herkunft)
Fuhrpark Haben € 10.000,- (Herkunft).

Vgl. Kapitel 2.3.3.

ad (e) Sie bilden die Salden der Bestandskonten, d.s. die Konten Maschinen, Fuhrpark, Bank, Kassa, Forderungen, Warenbestand, Lieferverbindlichkeiten und Darlehen und übertragen diese Salden auf das Schlussbilanzkonto. Die Salden der Aufwandkonten (Löhne, Reparaturen, Zinsaufwand, Wareneinsatz, Abschreibung) und der Saldo des Erlöskontos werden auf das G+V-Konto übertragen.
Durch die Gegenüberstellung der Salden der Aufwand- und Ertragskonten ergibt sich auf dem G+V-Konto der Erfolg der Periode. In unserem Fall ist es ein Gewinn. Dieser Gewinn erhöht den Eigenkapitalbestand. Das neue Eigenkapital (Endeigenkapital) wird nun in die Schlussbilanz übertragen. Wenn Sie nun die Soll- und Habenseite der Schlussbilanz addieren, müssen beide Seiten gleich groß sein.

Sollte dies nicht der Fall sein, überprüfen Sie bitte, ob Sie nicht eine Gegenbuchung ausgelassen oder eine falsche Zahl gebucht haben. Gehen Sie die einzelnen Aufgaben sorgfältig nochmals durch.

Nach Lösungsvergleich

Informationen zu den nächsten Übungsaufgaben
Informationsteil, Kapitel 3: Kontenrahmen

Übung zu 4. Bildung von Buchungssätzen

Übung 13

Anmerkung: Diese Buchungssätze dienen gleichzeitig der Wiederholung der wichtigsten Buchungen aus den vorangegangenen Kapiteln. Nehmen Sie bitte den Kontenplan zur Hand, Sie sollen jedes Konto mit der entsprechenden Nummer und dem Namen bezeichnen. Sie finden die Kontennummern leichter, wenn Sie sich den Inhalt der Kontenklassen nochmals vergegenwärtigen.

(1) Einkauf von Handelswaren auf Ziel € 14.500,-.

Kontonummer, Kontobezeichnung	Soll	Haben
1600 HANDELSWARENVORRAT	14500	
3300 LIEFERVERBINDLICHKEITEN		14500

(2) Rücksendung eines Teiles dieser Waren an den Lieferanten € 2.800,-. Die Gutschrift verringert unsere Lieferverbindlichkeiten.

Kontonummer, Kontobezeichnung	Soll	Haben
3300 L	2800	
1600 H		2800

(3) Zahlung der Miete bar € 480,-.

Kontonummer, Kontobezeichnung	Soll	Haben
2700 KASSA		480
7400 MIETAUFWAND	480	

(4) Eröffnung eines Bankkontos, Bareinlage € 2.000,-.

Kontonummer, Kontobezeichnung	Soll	Haben
2800 BANK	2000	
2700 KASSA		2000

(5) Provisionen in Höhe von € 680,- werden auf unser Bankkonto überwiesen.

Kontonummer, Kontobezeichnung	Soll	Haben
2800 BANK	680	
4000 (4800) UMSATZERLÖSE		680

(6) Zahlung der Privatversicherung des Unternehmers durch Überweisung vom Geschäftsbankkonto: € 1.500,-.

Kontonummer, Kontobezeichnung	Soll	Haben
9400 PRIVAT	1500	
2800 BANK		1500

(7) Ein Kunde zahlt eine offene Forderung in Höhe von € 560,- bar.

Kontonummer, Kontobezeichnung	Soll	Haben
2000 LIEFERFORDERUNGEN		560
2700 KASSA	560	

(8) Verkauf von Handelswaren um € 47.200,-. Der Kunde zahlt € 17.200,- bei Übernahme der Ware bar, den Rest stunden wir ihm.

Kontonummer, Kontobezeichnung	Soll	Haben
4000 UMSATZERLÖSE		47 200
2700 KASSA	17 200	
2000 LIEFERFORDERUNGEN	30 000	

(9) Aufnahme eines Darlehens in Höhe von € 80.000,-. Der Betrag wird unserem Bankkonto gutgeschrieben.

Kontonummer, Kontobezeichnung	Soll	Haben
2800 BANK	80 000	
3250 DARLEHEN		80 000

(10) Der Wareneinsatz in Höhe von € 70.000,- ist zu verbuchen.

Kontonummer, Kontobezeichnung	Soll	Haben
HW - VERBRAUCH 5300	70 000	
HW - VORRAT 1600		70 000

(11) Abschreibungen auf Gebäude € 14.000,-

Kontonummer, Kontobezeichnung	Soll	Haben
7020 PL ABSCHREIBUNG v. SACHANLAGEN	14000	
0210 GEBÄUDE		14 000

(12) Geben Sie den Buchungssatz für die Verbuchung eines Gewinnes in Höhe von € 17.000,- auf dem G+V-Konto und auf dem Eigenkapitalkonto an.

Kontonummer, Kontobezeichnung	Soll	Haben
9890 G+V KONTO	17 000	
9000 EK		17 000

Kommentar zu Ü 13

Wie schon in der Angabe angemerkt, müsste Ihnen die Verbuchung dieser Geschäftsfälle schon bekannt sein. Ein Geschäftsfall war jedoch darunter, den wir vorher noch nie hatten, nämlich der 2. Diesen wollen wir hier kommentieren.

ad (2) Sie hatten Handelswaren auf Ziel gekauft. Dieser Wareneinkauf wurde durch die Buchung 1600/3300 dargestellt.
Ein Teil dieser Ware entspricht nicht der vereinbarten Qualität. Nach Rücksprache mit dem Lieferanten senden Sie diesen Teil der Ware zurück. Das bedeutet, dass der Warenvorrat kleiner wird:

1600 Handelswarenvorrat Haben € 2.800,- (Herkunft).

Diesen Betrag bekommen Sie vom Lieferanten gutgeschrieben, d.h. um diesen Betrag verringern sich Ihre Schulden beim Lieferanten:

3300 Lieferverbindlichkeiten Soll € 2.800,- (Verwendung).

Als Buchungssatz läßt sich der Geschäftsfall daher wie folgt darstellen:

Kontonummer, Kontobezeichnung	**Soll**	**Haben**
3300 Lieferverbindlichkeiten	2.800	
1600 Handelswarenvorrat		2.800

Nach Lösungsvergleich

Informationen zu den nächsten Übungsaufgaben
Informationsteil, Kapitel 5 - Umsatzsteuer

Übungen zu 5. Umsatzsteuer

Übung 14 - gesetzliche Grundlagen der USt

Bearbeiten Sie bitte die einzelnen Aufgaben. Anstelle eines Kommentars finden Sie nach der letzten Aufgabe die Verweise auf die entsprechenden Kapitel im Informationsteil. Die Lösungen der Aufgaben finden Sie wie immer im Informationsteil.

(1) Entscheiden Sie bitte, ob bei folgenden Beispielen steuerpflichtige Umsätze vorliegen oder nicht.

		ust-pflichtig	
		JA	**NEIN**
a)	Ein Transportunternehmer verkauft einen alten Firmenlastwagen.	X	
b)	Eine österreichische Textilfirma verkauft Trachtenstoffe in die USA.		X
c)	Ein Spengler verkauft Blechabfälle.	X	
d)	Ein Bankangestellter verkauft seinen antiken Kasten um € 100.000,-.		X
e)	Ein Stahlwerk verkauft an die Belegschaft Kohlen zu einem niedrigeren Preis als die Kohlen eingekauft wurden.	X	
f)	Ein Unternehmer verteilt zu Weihnachten Werbegeschenke an seine Geschäftsfreunde.		X

(2) Kreuzen Sie bitte an, ob eine umsatzsteuerpflichtige Einfuhr vorliegt oder nicht.

		ust-pflichtig	
		JA	NEIN
a)	Ein tschechischer Staatsbürger, der seit mehreren Jahren in Österreich arbeitet, führt einen gebrauchten PKW zu privaten Zwecken aus Tschechien ein.		X
b)	Ein Österreicher kauft auf der Frankfurter Messe für seinen Tiroler Betrieb eine Drehbank. Das Geschäft wird in Frankfurt abgeschlossen und in DM bezahlt. Die Drehbank wird vom Tiroler selbst importiert.	X	
c)	Die Kölner Filiale eines Wiener Unternehmens kauft in München einen LKW für die Transporte zwischen Wien und Köln. Der LKW ist in Köln zugelassen.		X

(3) Eine alte Espressomaschine hat einen Buchwert von € 300,-. Der Kaffeehausbesitzer kauft ein Neugerät um ein Nettoentgelt von € 4.000,- und gibt die alte Maschine mit € 500,- (netto) in Zahlung.

a) Von welchem Betrag berechnet der Verkäufer der Espressomaschine die Umsatzsteuer? € 4000

b) Muß der Kaffeehausbesitzer USt aus diesem Geschäft zahlen?
Wenn ja, von welchem Betrag? € 500

(4) Im Monat August stehen Ihnen folgende Unterlagen für die Berechnung der Zahllast nach vereinbarten Engelten zur Verfügung:

a) Eingangsrechnungen:

- Waren, Nettoentgelt (von den Waren ist ein Viertel durch unsere Schuld verdorben)	€	20.000,-	darauf USt	€	4.000,-	
- 8 Schreibtische für das Büro	€	4.000,-	darauf USt	€	800,-	6400
- Reparaturen	€	1.000,-	darauf USt	€	200,-	

b) Ausgangsrechnungen:

- Waren, Nettoentgelt	€	30.000,-	darauf USt	€	6.000,-	5000
- Verkauf von Abfällen	€	2.000,-	darauf USt	€	400,-	

Die Zahllast beträgt € 1400. 1400

(5) Sie verkaufen als Unternehmer Waren ab Werk , Zahlungsziel 1 Monat

Warenpreis netto € 8.000,-
Zustellung € 500,-

Ermitteln Sie bitte die Bemessungsgrundlage.

Bemessungsgrundlage € 8500.

Da der Kunde nach Ablauf der Zahlungsfrist um eine Verlängerung des Zahlungsziels um drei Monate ansucht, verrechnen Sie Zinsen für 3 Monate in Höhe von € 150,-. Ist von diesem Betrag ebenfalls USt zu berechnen und abzuführen? Begründen Sie bitte Ihre Entscheidung!

(6) Geben Sie bitte an, wann die Steuerschuld bei **SOLLbesteuerung** in den folgenden Fällen entsteht:

a)	Lieferung	15.	April	
	Rechnung	5.	Mai	
	Bezahlung	10.	Juli	Steuerschuld entsteht Ende
b)	Bestellung	10.	März	
	Lieferung	8.	April	
	Rechnung	20.	April	
	Bezahlung	10.	Mai	Steuerschuld entsteht Ende
c)	Lieferung	20.	Okt.	
	Rechnung	5.	Dez.	
	Bezahlung	7.	Jän.	Steuerschuld entsteht Ende

(7) Bis zu welchem Tag ist die Umsatzsteuer im folgenden Fall spätestens abzuführen?

Bestellung	20.	April
Lieferung	25.	Mai
Rechnung	10.	Juni
Bezahlung	10.	August

a) bei SOLLbesteuerung abzuführen bis ______________

b) bei ISTbesteuerung abzuführen bis ______________

(8) Ein Rechtsanwalt erzielt einen jährlichen Umsatz von € 90.000,-. Was ist richtig? Bitte kreuzen Sie die richtige Aussage an:

a) Er muss nach vereinnahmten Entgelten versteuern.

b) Er kann über Antrag nach vereinbarten Entgelten versteuern.

c) Er muss nach vereinbarten Entgelten versteuern.

(9) Ermitteln Sie in übersichtlicher Form die Zahllast für November auf Grund folgender Tatbestände
a) bei Versteuerung nach vereinbarten Entgelten (SOLL)
b) bei Versteuerung nach vereinnahmten Entgelten (IST)

- ER, in Summe € 34.800,- (inkl. 20% USt), davon wurden € 12.000,- sofort in diesem Monat überwiesen,
- AR, in Summe € 21.600,- (inkl. 20% USt), alle auf Ziel,
- Erhaltene Anzahlungen (aufgrund entsprechender Rechnungen), in Summe € 2.400,- (inkl. 20% USt).
- Geleistete Anzahlungen (aufgrund erhaltener Rechnungen), in Summe € 5.400,- (inkl. 20% USt),
- Kassaausgänge für diverse Reparaturen, Kleinmaterial, € 1.200,- inkl. 20% USt
- Kassaeingänge für Warenverkäufe, in Summe € 10.800,- inkl. 20% USt
- Kauf eines Computers (Anlagevermögen) um € 2.000,- zuzügl. 20% USt mit 30 Tagen Ziel (die Rechung wird im November nicht mehr beglichen)
- Privatentnahme von Waren. Nettoeinstandspreis € 120,-, 20% USt

(10) Ermitteln Sie die Höhe der Sondervorauszahlung, die am 15. Dezember 2003 zu leisten ist. Es liegen folgende Daten vor:

Sept. 2002	Zahllast	3.170,-	April 2003	Zahllast	1.720,-
Okt. 2002	Zahllast	4.370,-	Mai 2003	Zahllast	8.970,-
Nov. 2002	VSt-Überhang	2.160,-	Juni 2003	Zahllast	7.300,-
Dez. 2002	Zahllast	8.710,-	Juli 2003	Zahllast	6.450,-
Jänner 2003	Zahllast	5.120,-	August 2003	Zahllast	4.870,-
Feber 2003	Zahllast	6.390,-	Sept. 2003	Zahllast	9.710,-
März 2003	Zahllast	14.200,-	Okt. 2003	Zahllast	11.380,-

Kommentar zu Ü 14

Ein erläuternder Kommentar erübrigt sich zu diesen Aufgaben, da Sie die Informationen zur Lösung dieser Aufgaben im Informationsteil finden. Wir wollen daher hier nur das Kapitel anführen, das Ihnen für die jeweilige Aufgabe Hilfe bringen kann.

ad (1)	Kapitel 5.2.1	Steuerbare Umsätze
ad (2)	Kapitel 5.2.1	Steuerbare Umsätze
ad (3)	Kapitel 5.2.4.1	Bemessungsgrundlage
ad (4)	Kapitel 5.1.2	Berechnung der Zahllast in der Praxis
ad (5)	Kapitel 5.2.4.1	Bemessungsgrundlage
ad (6)	Kapitel 5.2.5	Entstehung der Steuerschuld
ad (7)	Kapitel 5.2.6	Voranmeldung und Vorauszahlung
ad (8)	Kapitel 5.2.5	Entstehung der Steuerschuld
ad (9)	Kapitel 5.2.5	Entstehung der Steuerschuld
ad (10)	Kapitel 5.2.6	Voranmeldung und Vorauszahlung der USt

Nach Lösungsvergleich

Informationen zu den nächsten Übungsaufgaben
Informationsteil, Kapitel 5.3

Übung 15 - Verbuchung der Umsatzsteuer

Diese Übungsaufgabe besteht aus vier voneinander unabhängigen Teilaufgaben. Sie kontrollieren Ihr Verständnis für die Verbuchung der USt nach der Brutto- bzw. nach der Nettomethode.

(1) Ein Elektrohändler kauft 10 Kühlschränke der Marke "Frost" auf Ziel.

Die Faktura lautet auf	€	2.200,-
+ 20 % USt	€	440,-
	€	2.640,-

Welchen der folgenden Kontierungsstempel wird der Buchhalter des Elektrohändlers auf der Faktura anbringen, wenn die Faktura nach der **Netto-Methode** verbucht wird? Bitte kreuzen Sie an.

	Kto.Nr.	Kontobezeichnung	Soll	Haben
a)	1600	Handelswarenvorrat	2.200,-	
	2500	Vorsteuer	440,-	
	3300	Lieferverbindlichkeiten		2.640,-
b)	1600	Handelswarenvorrat	2.640,-	
	3300	Lieferverbindlichkeiten		2.200,-
	3500	Umsatzsteuer		440,-
c)	2000	Lieferforderungen	2.200,-	
	2500	Vorsteuer	440,-	
	4000	Umsatzerlöse		2.640,-

(2) Ein Möbelhändler verkauft eine Sitzgarnitur um

	€	1.600,-
+ 20 % USt	€	320,-
	€	1.920,-

Die Faktura lautet auf 30 Tage Ziel. Die Faktura enthält Belegsymbol und Belegnummer AR 14 und soll am 12. August nach der **Bruttomethode** verbucht werden.

Führen Sie bitte die Buchung durch. In der Textspalte geben Sie bitte Belegsymbol, Belegnummer und Kontonummer des Gegenkontos an.

2000 Lieferforderungen

Dat.	Text	Soll	Haben
12.8	AR 14 - 4000	1920	

4000 Umsatzerlös 20% USt

Dat.	Text	Soll	Haben
12.8			1920
31.8		320	

Dat.	Text	Soll	Haben

Umsatzsteuer 3500

Dat.	Text	Soll	Haben
31.8			320

(3) Welche Buchung ergibt sich aus diesem Geschäftsfall Ende August? Bitte führen Sie diese Buchung in obigen Konten durch. Entwerfen Sie einen Beleg für diesen Tatbestand.

Umsatzsteuer auf Umsatzerlös
Aug. 19, (l. K. 4000)
€ 320

(4)

MALEREI-ANSTRICH-TAPETEN-BODENBELÄGE-SPRITZLACKIERUNG
GRANER Ges.m.b.H.
2493 Lichtenwörth, Grießgasse 23
Tel. 02622/75327 Fax Kl. 15

Hans Berger & Co
Handelsagentur
Grazerstraße 15
2700 Wr. Neustadt

Lichtenwörth, 16.3.20..

RECHNUNG Nr. 76

für Leistung vom 10.3.19..

Ausbesserung der schadhaften Tapete € 126,-
inkl. 20% USt

Zahlbar netto Kassa innerhalb von 30 Tagen

(a) Bitte verbuchen Sie die obige Faktura am 18.3. in der Buchhaltung der Firma Graner nach der **Nettomethode**. Die Rechnung wird nicht sofort bezahlt (AR 76).

2000 Lieferforderungen

Dat.	Text	Soll	Haben
18.3	AR 76 [illegible]	126	

3500 Umsatzsteuer

Dat.	Text	Soll	Haben
18.3	2000		21

Dat.	Text	Soll	Haben

4000 Umsatzerlöse

Dat.	Text	Soll	Haben
18.3	2000		105,

(b) Wie verbucht die Firma Hans Berger & Co obige Faktura? Geben Sie bitte im untenstehenden Schema den Buchungssatz bei Nettoverbuchung an. Die Rechnung wird zunächst nicht bezahlt.

Kontonummer, Kontobezeichnung	Soll	Haben
2500 Vorsteuer	21	
7200 Instandhaltung durch 3.	105	
3300 Lieferv.		126

Kommentar zu Ü 15

Grundsätzlich ist bei diesen Aufgaben zu beachten:

- Nettomethode: Nettobetrag und Steuerbetrag werden sofort getrennt verbucht.
- Bruttomethode: Zunächst wird der Gesamtbetrag verbucht. Am Monatsende wird die USt aus den Bruttobeträgen herausgerechnet und auf das entsprechende Steuerkonto umgebucht.
- Umsatzsteuer in Eingangsrechnungen ist für den Unternehmer Vorsteuer, d.h. eine Forderung an das Finanzamt.

- Umsatzsteuer in Ausgangsrechnungen ist für den Unternehmer eine Verbindlichkeit gegenüber dem Finanzamt.

Nach Lösungsvergleich ⟶ weiter mit Übung 16

Übung 16 - Einfache Geschäftsfälle unter Berücksichtigung der USt

Bei der Verbuchung der folgenden Geschäftsfälle ist die USt nach der Nettomethode zu verbuchen. Die Buchungen sind auf paginierten Konten durchzuführen.
Bei jedem Geschäftsfall ist auf den entsprechenden Konten
- das Datum und
- in der Textspalte die Nummer(n) des (der) Gegenkonto(en) anzuführen.

Benennen und nummerieren Sie die Konten entsprechend unserem Kontenplan.

Auf einzelnen Konten wurde bereits ein Anfangsbestand verbucht.

2.10. Warenverkauf € 15.000,-
+ 20 % USt € 3.000,-
€ 18.000,-

€ 1.800,- zahlt der Kunde bei Warenübernahme bar, der Rest wird gestundet.

7.10. Kauf von Reinigungsmaterial gegen Barzahlung. Die Rechnung lautet auf € 96,- inkl. 20 % USt.

15.10. Die Zahllast für August ist an das Finanzamt abzuführen. Wir überweisen vom Bankkonto € 2.894,-.

18.10. Kauf von Handelswaren auf Ziel € 24.000,-
+ 20 % USt € 4.800,-
€ 28.800,-

20.10. Im Forderungsbestand ist eine Forderung in Höhe von € 2.400,- enthalten. Kunde Maier hat diesen Betrag auf unser Bankkonto überwiesen.

23.10. Barverkauf € 72,- inkl. 20 % USt.

27.10. Kauf von zwei Organizern (Palm) für die Außendienstmitarbeiter
auf Ziel um € 1.780,-
+ 20 % USt € 356,-
€ 2.136,-

31.10. Buchen Sie den Saldo des Vorsteuer- und des Umsatzsteuerkontos auf das Konto Zahllast um.

2700 Kassa

Dat.	Text	Soll	Haben
	AB	1.250	

3520 Zahllast

Dat.	Text	Soll	Haben
	AB		3.760

2000 Lieferforderungen

Dat.	Text	Soll	Haben
	AB	12.000	

2800 Bank

Dat.	Text	Soll	Haben
	AB	7.600,-	

Dat.	Text	Soll	Haben

Dat.	Text	Soll	Haben

Dat.	Text	Soll	Haben

Dat.	Text	Soll	Haben

Dat.	Text	Soll	Haben

Dat.	Text	Soll	Haben

Dat.	Text	Soll	Haben

Dat.	Text	Soll	Haben

Beantworten Sie bitte folgende Frage:

Aufgrund der Oktoberumsätze ergibt sich

- eine Forderung an das Finanzamt
- eine Verbindlichkeit an das Finanzamt

Kommentar zu Ü 16

- o Die beim Kauf von Handelswaren (18.10.), Reinigungsmaterial (7.10.) und der Organizer (27.10.) in Rechnung gestellte Umsatzsteuer ist auf dem Konto 2500 Vorsteuer zu verbuchen.
- o Die beim Verkauf in Rechnung gestellte Umsatzsteuer (2.10., 23.10.) ist als Verbindlichkeit gegenüber dem Finanzamt auf dem Konto 3500 zu verbuchen.
- o Bei der Zahlung der Forderung (ebenso einer Verbindlichkeit) fällt natürlich keine Buchung auf einem Umsatzsteuerkonto an - Verbuchung nach vereinbarten Entgelten!

Nach Lösungsvergleich

Informationen zu den nächsten Übungsaufgaben
Informationsteil, Kapitel 6.

Übungen zu 6 - Die Verbuchung auf Personenkonten

Übung 17

Aufgabe 1:

Verbuchen Sie die nachstehenden Geschäftsfälle im Monat Dezember.

(1) Wir verkaufen Oberleitner & Co, 20001, Waren auf Ziel um € 10.000,- zuzüglich € 2.000,- USt (AR 94).

(2) Unser Lieferant Hofer & Maier, 33001, liefert Waren um € 20.000,- zuzüglich € 4.000,- USt (ER 32).

(3) Unser Kunde WARTES-AG, 20002, zahlt die bereits verbuchte Ausgangsrechnung (AR 47) über insgesamt € 64.000,- durch Banküberweisung (BA 9).

(4) Wir zahlen die bereits unter Teilaufgabe (2) verbuchte Eingangsrechnung (ER 32) von Hofer & Maier über € 24.000,- durch Banküberweisung (BA 10).

(5) Wir kaufen von der Handels-AG, 33003, Waren um € 35.000,- + 20 % USt (ER 33) auf Ziel.

Aufgabe 2:

Übertragen Sie Ende Dezember die Umsätze aller Personenkonten auf die entsprechenden Hauptbuchkonten und schließen Sie die Hauptbuchsammelkonten 2000 und 3300 ab. Vergleichen Sie die Salden der Personenkonten mit den Salden der Hauptbuchsammelkonten.

Personenkonten:

KUNDENKARTEI:

20001 - Oberleitner & Co

Bel.	Text	Soll	Haben
	Div.	15.000	

20002 - WARTES - AG

Bel.	Text	Soll	Haben
	Div.	64.000	

LIEFERANTENKARTEI:

33001 - Hofer & Maier

Bel.	Text	Soll	Haben
	Div.		30.000

33002 - Riebesmann & Co

Bel.	Text	Soll	Haben
	Div.		24.000

33003 - Handels AG

Bel	Text	Soll	Haben

Hauptbuchkonten:

2000 Lieferforderungen

Bel.	Text	Soll	Haben
	Übertrag	79.000	

3300 Lieferverbindlichkeiten

Bel.	Text	Soll	Haben
	Übertrag		54.000

1600 Handelswarenvorrat

Bel.	Text	Soll	Haben

3500 Umsatzsteuer

Bel.	Text	Soll	Haben

2500 Vorsteuer

Bel.	Text	Soll	Haben

4000 Umsatzerlöse

Bel.	Text	Soll	Haben

2800 Bank

Bel.	Text	Soll	Haben

Kommentar zu Ü 17:

Die Buchungen dürften Ihnen kaum Probleme bereiten.
Beachten Sie: Konto 2000 und 3300 sind Sammelkonten; während einer Periode werden alle, diese Konten betreffenden, Buchungen über die entsprechenden Personenkonten geführt.

Am Ende der Periode müssen Sammelkonten und Personenkonten abgestimmt werden.

- Die Summe der Kontostände ("Salden") aller Kundenkonten muss gleich sein dem Saldo des Sammelkontos 2000.
- Die Summe der Kontenstände ("Salden") aller Lieferantenkonten muss gleich dem Saldo des Sammelkontos 3300 sein.

Salden Kundenkonten:	**Saldo des Lieferforderungskontos:**		
Oberleitner:	€ 27.000,-	Sollsumme:	€ 91.000,-
Wartes-AG	€ -,-	Habensumme:	€ 64.000,-
	€ 27.000,-		€ 27.000,-

Salden der Lieferantenkonten:	**Saldo des Lieferverblk.kontos:**		
Hofer & Maier:	€ 30.000,-	Sollsumme:	€ 24.000,-
Riebesmann:	€ 24.000,-	Habensumme:	€ 120.000,-
Handels-AG:	€ 42.000,-		
	€ 96.000,-		€ 96.000,-

Nach Lösungsvergleich ⟶ weiter mit Übung 18

Übung 18 - Kreislaufbeispiel inkl. USt, Verbuchung diverser Aufwendungen, Zusammenhang Personenkonten - Hauptbuch

Beachten Sie bitte:

- Die Summen auf den Konten ergeben sich aus den Buchungen der Monate Jänner - November. Die Sollsummen sind gleich hoch den Habensummen.
- Die Summen der Personenkonten wurden monatlich auf die Hauptbuchsammelkonten übertragen, der Saldo des VSt- bzw. des USt-Kontos wurde monatlich auf das Zahllastkonto umgebucht.

Aufgaben:

(1) Verbuchen Sie die untenstehenden Geschäftsfälle für Dezember auf den Hauptbuch- bzw. auf den Personenkonten.

(2) Übertragen Sie die Summen der Personenkonten für Dezember auf die Hauptbuchsammelkonten.

(3) Machen Sie die erforderlichen Umbuchungen. Beachten Sie: Sie müssen noch zusätzliche Konten "schaffen".

(4) Schließen Sie alle Konten gegen SBK bzw. G+V ab und ermitteln Sie in zweifacher Weise das Jahresergebnis.

(5) Beantworten Sie abschließend die im Anschluss an die Konten gestellten Zusatzfragen.

ad (1) Laufende Geschäftsfälle für Dezember

2.12.: Überweisung der Geschäftsmiete: € 150,- + 20 % USt

4.12.: Vom Raiffeisenlagerhaus erhalten wir eine Lieferung Heizöl für die Geschäftsräumlichkeiten: € 4.300,- + 20 % USt; wir zahlen sofort durch Banküberweisung.

5.12.: Warenverkauf an Gärtner: € 2.400,- + 20 % USt auf Ziel.

7.12.: Kauf diverser Büromaterialien gegen bar. Die Rechnung lautet auf € 84,- inkl. 20 % USt.

12.12.: Einkauf von Handelswaren um € 4.760,- + 20 % USt von Lieferant Berger, 30 Tage Ziel.

14.12.: Unserem Bankauszug entnehmen wir die Überweisung von unserem Kunden Müller: € 1.200,- (inkl. 20 % USt)

15.12.: Überweisung der Zahllast: € 1.743,-

17.12.: Wir haben die Büroräume frisch tapezieren lassen. Die Rechnung des Tapezierers lautet auf € 1.890,- + 20 % USt. Wir überweisen sofort.

18.12.: Privatabhebung vom Bankkonto € 500,-.

22.12.: Warenverkauf bar um € 792,- (inkl. 20 % USt)
Warenverkauf auf Ziel an Steiner: € 4.000,- + 20 % Ust

27.12.: Warenverkauf auf Ziel an Gärtner & Co.: € 6.000,- + 20 % Ust

ad (3) Angaben für den Jahresabschluss

- o Die Geschäftsausstattung ist jährlich mit € 5.000,- abzuschreiben.
- o Endbestand an Handelswaren lt. Inventur: € 9.876,-
- o Endbestand an Heizöl im Wert von € 3.870,-

Beachten Sie:
Zu diesen Umbuchungen zählen auch
- Der Übertrag der Personenkonten auf die Hauptbuchsammelkonten
- der Abschluss des Privatkontos gegen das Eigenkapitalkonto
- die Übertragung der Salden des VSt- und des USt-Kontos auf das Zahllastkonto

KUNDENKONTEN:

20001 Gärtner & Co

Dat.	Text	Soll	Haben
	Div.	8.400	6.000

20002 K. Müller

Dat.	Text	Soll	Haben
	Div.	1.200	

20003 B. Steiner

Dat.	Text	Soll	Haben

LIEFERANTENKONTEN:

33001 Berger OHG

Dat.	Text	Soll	Haben
	Div.	8.400	23.600

33002 Großhandels - AG

Dat.	Text	Soll	Haben
	Div.	12.000	12.000

HAUPTBUCHKONTEN:

2000 Lieferforderungen

Dat.	Text	Soll	Haben
	9800	2.400	
	Ü1-11	7.200	6.000

3300 Lieferverbindlichkeiten

Dat.	Text	Soll	Haben
	9800		3.500
	Ü1–11	20.400	32.100

0610 Geschäftsausstattung

Dat.	Text	Soll	Haben
1.1.	9800	20.000	

2500 Vorsteuer

Dat.	Text	Soll	Haben

1600 Handelswarenvorrat

Dat.	Text	Soll	Haben
	Div.	34.876	

3500 Umsatzsteuer

Dat.	Text	Soll	Haben

2700 Kassa

Dat.	Text	Soll	Haben
	Div.	3.840	1.716

3520 Zahllast

Dat.	Text	Soll	Haben
	Div.	7.210	10.276

2800 Bank

Dat.	Text	Soll	Haben
	Div.	23.390	9.646

4000 Umsatzerlöse

Dat.	Text	Soll	Haben
	Div.		42.800

5700 Energieverbrauch

Dat.	Text	Soll	Haben
	Div.	1.826	

9000 Eigenkapital

Dat.	Text	Soll	Haben
1.1.	9800		22.486

7200 Instandhaltung durch Dritte

Dat.	Text	Soll	Haben
	Div.	796	

9400 Privat

Dat.	Text	Soll	Haben
	Div.	4.720	

7600 Büromaterial

Dat.	Text	Soll	Haben
	Div.	216	

Dat.	Text	Soll	Haben

7400 Mietaufwand

Dat.	Text	Soll	Haben
	Div.	1.650	

Dat.	Text	Soll	Haben

Dat.	Text	Soll	Haben

ABSCHLUSSKONTEN

Dat.	Text	Soll	Haben

Dat.	Text	Soll	Haben

Zusatzfragen:

- Für welchen Monat haben wir am 15.12. die Zahllast überwiesen?
- Haben wir im Dezember eine USt-Forderung oder eine USt-Verbindlichkeit gegenüber dem Finanzamt?
- Ist das Jahresergebnis ein Gewinn oder ein Verlust?

Nach Lösungsvergleich

Informationen zu den nächsten Übungsaufgaben
Informationsteil, Kapitel 7.

Übungen zu 7.1. Buchungen im Beschaffungsbereich

Übung 19

Bilden Sie bitte für nachstehende Geschäftsfälle die Buchungssätze. Die Verbuchung ist immer nach der Nettomethode vorzunehmen.

(1) ER 4: Rechnung von Schober & Co (Personenkonto Nr. 33001) für Lieferung von Handelswaren ab Werk

	€	10.000,-
+ 20 % USt	€	2.000,-
30 Tage Ziel	€	12.000,-

Kontonummer, Kontobezeichnung	Soll	Haben

(2) ER 5: Speditionsnota für Zustellung der Waren der ER 4

	€	750,-
+ 20 % USt	€	150,-
Barzahlung	€	900,-

Kontonummer, Kontobezeichnung	Soll	Haben

(3) G 10: Gutschrift der Firma Schober & Co für Warenrücksendung. Die Rechnung wurde von uns noch nicht bezahlt (ER 4). Gesamtbetrag der Gutschrift € 2.400,- (inkl. 20 % USt).

Kontonummer, Kontobezeichnung	Soll	Haben

4) B 17: Überweisung der ER 4 an die Firma Schober. Achtung: Berücksichtigung der Gutschrift nicht vergessen!

Kontonummer, Kontobezeichnung	Soll	Haben

Kommentar zu Ü 19:

ad (1) Die Verbuchung von Handelswareneinkäufen ist nichts Neues. Sollten Sie hier noch Schwierigkeiten haben, arbeiten Sie bitte den Informationsteil nochmals sorgfältig durch.

Wir haben in Kapitel 6 darauf hingewiesen, dass wir Buchungen, die Kunden bzw. Lieferanten betreffen, zunächst auf das entsprechende Personenkonto buchen:
D.h. in unserem Beispiel:
- statt auf das Hauptbuch-Sammelkonto "3300 Lieferverbindlichkeiten"
- auf das Personenkonto "33001 Schober & Co".

ad (2) Hier handelt es sich um eine Speditionsrechnung für Eingangsfrachten. Da die Lieferkondition der Firma Schober ab Werk lautete, müssen wir die Frachtkosten zahlen. Sie stellen für uns Bezugskosten dar und sind am Konto Handelswarenvorrat zu aktivieren.

ad (3) Die nachträglich gewährte Gutschrift ist in Nettobetrag und Umsatzsteueranteil zu zerlegen. Gesamtbetrag der Gutschrift vermindert unsere Lieferverbindlichkeit. Nettobetrag der Gutschrift vermindert den Warenwert. Umsatzsteueranteil vermindert die Vorsteuerforderung.

ad (4) Wir sind schuldig:

Gesamtbetrag der ER 4:	€	12.000,-	
- Gesamtbetrag der G 10:	€	2.400,-	
Überweisung	€	9.600,-	(Bankkonto Haben)

Nach Lösungsvergleich ⟶ weiter mit Übung 20

Übung 20

Verbuchen Sie bitte die folgenden Geschäftsfälle aus der Sicht der Firma Peter Max auf paginierten Hauptbuchkonten bzw. auf dem Personenkonto "Josef Hasslinger & Sohn", 33004 (wird im Anschluss an die Angaben und Belege vorgegeben).

Die Konten sind unserem Kontenplan entsprechend zu nummerieren und zu benennen. Im Text führen Sie bitte jeweils Beleg und Nummer des Gegenkontos (der Gegenkonten) an.

(1) Die Firma Josef Hasslinger & Sohn sendet an Peter Max am 1.4.20.. folgende Rechnung (Ausschnitt) für Türen, Lieferung **ab Werk**, 30 Tage Ziel

RECHNUNG 001078

Pos.Nr	Stück	Ware	Preis	Betrag
		Lieferung am 28.3.20..		
	5	Eichentüren 80/200 Modell Salzburg	350,-	1.750,-
	3	Eichentüren 60/200 Modell Salzburg	320,-	960,-
		Warenwert		2.710,-
		+ 20% USt		542,-
		Gesamtbetrag		3.252,-

Verbuchen Sie die Rechnung am 3.4. (ER 71). Der Gesamtbetrag ist als Verbindlichkeit zu verbuchen.

(2) Der Transport wird von der Spedition Gärtner ausgeführt, die am 5.4. folgende Speditionsnota übersendet:

Fracht	€	200,-	ER 74
+ 20 % USt	€	40,-	
	€	240,-	

Max zahlt die Frachtrechnung am 6.4. (Buchungsdatum) bar.

(3) Max reklamiert bei der Firma Hasslinger, dass kein Rabatt berücksichtigt wurde (lt. Kaufvertrag hätte Max 10 % Rabatt erhalten müssen).
Auf Grund der Reklamation übersendet Hasslinger am 6.4. folgende Gutschrift (Ausschnitt):

Wr. Neustadt, 6.4.20..
M/F

Berichtigung der Rechnung Nr. 001078

Die Überprüfung der genannten Rechnung ergab die Richtigkeit Ihrer Beanstandung. Infolge eines Fehlers der Verkaufsabteilung wurde Ihnen kein Rabatt gewährt.

Wir schreiben Ihnen daher

10% Rabatt d.s.	€ 271,00
+ 20% USt	€ 54,20
	€ 325,20
	=======

gut.

Wir bitten Sie, diesen Fehler zu entschuldigen.

Hochachtungsvoll

Die Gutschrift (G 10) wird am 8.4. verbucht.

2700 Kassa

Dat.	Text	Soll	Haben
	AB	470,00	

Dat.	Text	Soll	Haben

Dat.	Text	Soll	Haben

Dat.	Text	Soll	Haben

Kommentar zu Ü 20

Diese Geschäftsfälle waren gleich den Geschäftsfällen (1) bis (3) aus Ü 19. Haben Sie noch Probleme, so lesen Sie bitte dort nach.

Nach Lösungsvergleich ———▸ weiter mit Übung 21

Übung 21

Beachten Sie bitte:
Das Unternehmen, für das Sie in diesem Beispiel die Buchhaltung führen, verbucht die
- Zugänge an Rohstoffen in Klasse 1,
- die Zugänge an Hilfs- und Betriebsstoffen in Klasse 5.

Geschäftsfälle:

7.4.:	Kauf von Rohstoffen um € 20.000,- + 20% USt auf Ziel.
14.4.:	Auf Grund einer berechtigten Reklamation erhalten wir für obige Rohstoffe vom Lieferanten einen nachträglichen Rabatt von 10% auf den gesamten Rechnungsbetrag.
25.5.:	Kauf von Betriebsstoffen um € 2.000,- + 20% USt, sofortige Banküberweisung.
19.6.:	Kauf von Rohstoffen um € 40.000,- + 20% USt auf Ziel.
23.6.:	Wir senden Rohstoffe im Wert von € 3.600,- (inkl. 20% USt) aus der Lieferung vom 19.6. retour.
28.8.:	Kauf von Hilfsstoffen um € 3.000,- + 20% USt, sofortige Banküberweisung.
17.10.:	Kauf von Betriebsstoffen um € 5.000,- + 20% USt, sofortige Banküberweisung
31.12.:	Endbestände lt. Inventur - an Rohstoffen € 8.500,- - an Hilfsstoffen € 1.000,- - an Betriebsstoffen € 7.000,-

Aufgaben:

Stellen Sie alle Buchungen, die sich aus obigen Geschäftsfällen ergeben, auf den vorgegebenen Hauptbuchkonten dar. Alle Konten sind unserem Kontenplan entsprechend zu bezeichnen und zu nummerieren.
Ermitteln Sie den tatsächlichen Verbrauch an Roh-, Hilfs- und Betriebsstoffen und stellen Sie die entsprechenden Buchungen dar.
Schließen Sie alle verwendeten Konten mit Ausnahme des Vorsteuerkontos gegen SBK bzw. G+V ab. Die Abschlusskonten sind nicht darzustellen.

2500 Vorsteuer

Dat.	Text	Soll	Haben

1100 Rohstoffvorrat

Dat.	Text	Soll	Haben
1.1.	9800	14.000	

1300 Hilfsstoffvorrat

Dat.	Text	Soll	Haben
1.1.	9800	2.800	

1400 Betriebsstoffvorrat

Dat.	Text	Soll	Haben
1.1.	9800	1.200	

2800 Bank

Dat.	Text	Soll	Haben
	Div.	15.000	

Dat.	Text	Soll	Haben

Dat.	Text	Soll	Haben

Dat.	Text	Soll	Haben

Dat.	Text	Soll	Haben

Dat.	Text	Soll	Haben

Kommentar zu Ü 21:

Die laufenden Buchungen dürften Ihnen keine Schwierigkeiten machen. Sollten Sie hier noch Hilfe benötigen, arbeiten Sie bitte nochmals den entsprechenden Informationsteil durch.

ad Endbestand an Rohstoffen

Die indirekte Einsatzermittlung kennen Sie bereits von den Handelswaren. Sie dürfen jedoch nicht vergessen, die Korrekturbuchungen (Rabatt und Retourware) von den Zukäufen abzuziehen.

Anfangsbestand lt. Kto. 1100	€	14.000,-
+ Zukäufe korrigiert	€	55.000,-
	€	69.000,-
- Endbestand lt. Inventur	€	8.500,-
Verbrauch	€	60.500,-

ad Hilfsstoffe

Da die Zukäufe direkt am Verbrauchskonto verbucht wurden, ist am Jahresende der AB mit dem EB am Vorratskonto zu vergleichen.

Anfangsbestand lt. Kto. 1300	€	2.800,-
Endbestand lt. Inventur	€	1.000,-

D.h. es wurden vom AB noch zusätzlich € 1.800,- verbraucht, der Zukauf an Hilfsstoffen im heurigen Jahr deckte nicht den gesamten Verbrauch.

ad Betriebsstoffe

Auch hier ist nur der AB mit dem EB zu vergleichen.

Anfangsbestand lt. Kto. 1400	€	1.200,-
Endbestand lt. Inventur	€	7.000,-

D.h. es wurde nicht so viel verbraucht, als heuer zugekauft wurde. Der Verbrauch ist geringer.

Nach Lösungsvergleich

Informationen zu den nächsten Übungsaufgaben
Informationsteil, Kapitel 7.2

Übungen zu 7.2 - Buchungen im Absatzbereich

Übung 22

Wir verkaufen der Firma Teich, Kundenkonto 20004, eine von uns erzeugte Werkzeugmaschine um € 80.000,- + 20 % USt auf 3 Monate Ziel - AR 94 vom 10.7. frei Haus.

Für den Transport zahlen wir der Speditionsfirma "Intertrans" am 15.7. € 250,- + 20 % USt sofort durch Banküberweisung (ER 107).

Aufgabe:

Verbuchen Sie bitte den Verkauf und die Transportkosten aus der Sicht des Verkäufers auf den untenstehenden Konten. Benennen und nummerieren Sie die Konten lt. Kontenplan. Beachten Sie, für die Firma Teich ist ein Personenkonto zu führen. Geben Sie bei jeder Buchung Datum und in der Textspalte Beleg und Nummer des Gegenkontos an.

Dat.	Text	Soll	Haben

Dat.	Text	Soll	Haben

Dat.	Text	Soll	Haben

Dat.	Text	Soll	Haben

2800 Bank

Dat.	Text	Soll	Haben
	Div.	25.000	

Dat.	Text	Soll	Haben

Kommentar zu Ü 22

ad Verkauf: Die Buchung dürfte Ihnen keine Schwierigkeiten bereiten.

ad Transport: Für den Verkäufer handelt es sich um eine Ausgangsfracht ("Transporte durch Dritte"). Als Beleg dient die Rechnung des Spediteurs.
Die Netto-Frachtkosten sind für den Verkäufer Aufwand. Die in der Speditionsrechnung enthaltene USt kann er als Vorsteuer beim Finanzamt geltend machen.

Nach Lösungsvergleich → weiter mit Übung 23

Übung 23

Die Interexport-AG, Salzburg, liefert am 20.3. an die Plastik AG, Kundenkonto 20005, Bregenz, Gartenmöbel frei Haus und zwar

200	Klappsessel,	farbsortiert, à € 50,-	€	10.000,-
100	Liegestühle,	farbsortiert, à € 80,-	€	8.000,-
40	Klapptische,	farbsortiert, à € 60,-	€	2.400,-
			€	20.400,-
	zuzüglich 20 % USt		€	4.080,-
			€	24.480,-

zahlbar 30 Tage ab Rechnungsdatum ohne jeden Abzug (AR 47).

Am 23.3. erhält die Interexport-AG die Rechnung des Spediteurs über € 500,- + 20 % USt. Die Rechnung wird von der Interexport sofort durch Banküberweisung beglichen (Sp 18).

Am 24.3. reklamiert die Plastik AG, von den **Liegestühlen** seien **10 Stück** nach dem ersten Auseinanderklappen in alle Bestandteile zerfallen. Sie stellen diese Liegestühle zur Verfügung. Die Interexport bittet die Plastik AG, diese Liegestühle auf Kosten der Interexport zurückzusenden und sendet am 27.3. eine entsprechende Gutschrift für diese **Retourware** an die Plastik AG (G 4).

Am 30.3. trifft die Frachtrechnung für den Rücktransport bei der Interexport AG ein: € 72,- inkl. 20 % USt - Sp 19. Die Rechnung wird sofort überwiesen.

Aufgabe:

Geben Sie bitte die Buchungssätze für diese Tatbestände aus der Sicht der Interexport AG im folgenden Schema an. Vermerken Sie bei jedem Geschäftsfall auch Datum und Beleg.

Dat.	Beleg	Kontonummer, Kontobezeichnung	Soll	Haben

Kommentar zu Ü 23

Rücksendungen an den Verkäufer bedeuten für diesen eine Rückgängigmachung der Verkaufsbuchung. In diesem Fall werden

10 Liegestühle à € 80	€	800,-
+ 20 % USt	€	160,-
	€	960,-

zurückgebucht.

Nach Lösungsvergleich

Informationen zu den nächsten Übungsaufgaben
Informationsteil, Kapitel 7.3

Übungen zu 7.3. - Verbuchung von Rabatten

Die folgenden Übungsbeispiele zeigen den selben Geschäftsfall

- einmal aus der Sicht des Käufers
- einmal aus der Sicht des Verkäufers

Übung 24

Wir kaufen von der Firma Müller, Personenkonto 33003, ab Werk

	100 Kühlschränke Marke "Nordpol" à € 200,-	€	20.000,-
-	10 % Mengenrabatt	€	2.000,-
		€	18.000,-
+	20 % USt	€	3.600,-
		€	21.600,-

zahlbar innerhalb von 30 Tagen netto Kassa.

Verbuchen Sie in Zusammenhang mit obigem Geschäftsfall folgende Tatbestände auf Hauptbuch- bzw. Personenkonten.
Nummerieren und benennen Sie die Konten entsprechend dem Kontenplan. Geben Sie in der Datumspalte die Tatbestandsnummer ((1), (2) usw.) und in der Textspalte die Nummer des Gegenkontos (der Gegenkonten) an.

(1) Die Kühlschränke samt Rechnung treffen ein.

(2) Wir überweisen an den Spediteur für die Zustellung € 300,-
+20 % USt € 60,-
€ 360,-

(3) 6 Tage später stellt unsere Qualitätskontrolle fest, dass 5 Kühlschränke schwere Konstruktionsmängel aufweisen. Wir senden diese Kühlschränke an Müller auf dessen Rechnung zurück.

(4) Die restlichen Kühlschränke weisen leichte, fabrikationsbedingte Emailschäden auf. Wir vereinbaren mit Müller telefonisch einen Preisnachlass von 20 %.

(5) Wir zahlen den offenen Rechnungsbetrag am 30. Tag nach Rechnungslegung durch Banküberweisung.

2800 Bank

Dat.	Text	Soll	Haben
	AB	40.000	

Dat.	Text	Soll	Haben

Dat.	Text	Soll	Haben

Dat.	Text	Soll	Haben

Kommentar zu Ü 24

ad (1) Der sofort gewährte Rabatt scheint in den Buchungen nicht auf. Sie buchen sofort die um diesen Rabatt verminderten Beträge.

ad (3) Vergessen Sie nicht bei den Retourwaren auf den sofort gewährten Rabatt! Der **Wert der Retourwaren** errechnet sich daher folgendermaßen:

5 Stück à € 200,-	€	1.000,-
- 10 % Mengenrabatt	€	100,-
	€	900,-
+ 20 % USt	€	180,-
Bruttoentgelt	€	1.080,-

ad (4) Nachträglich gewährte Rabatte vermindern beim Käufer Einstandspreis, Vorsteuerforderung an das Finanzamt sowie seine Schuld gegenüber dem Lieferanten.

Beachten Sie hier:
Nur noch von der Restschuld (Gesamtrechnungsbetrag abzüglich Retourwaren) ist der Rabatt zu ermitteln.

Rechnungsbetrag	€ 21.600,-		
- Retourware	€ 1.080,-	€	20.520,-
	davon 20 % Mängelrabatt	€	4.104,-
	- USt (a.H. $\frac{4104 \times 20}{120}$)	€	684,-
	Rabatt ohne USt	€	3.420,-

ad (5) **Berechnung der Restschuld**

Rechnungsbetrag	€	21.600,-
- Retourware	€	1.080,-
- Mängelrabatt	€	4.104,-
	€	16.416,- = Saldo am Konto 33003

Nach Lösungsvergleich ⟶ weiter mit Übung 25

Übung 25

Wir verkaufen der Firma Mayer, Personenkonto 20010, ab Werk

100 Kühlschränke Marke "Nordpol" à € 200,-	€	20.000,-
- 10 % Mengenrabatt	€	2.000,-
	€	18.000,-
+ 20 % USt	€	3.600,-
	€	21.600,-

zahlbar innerhalb von 30 Tagen netto Kassa.

Aufgabe:

Verbuchen Sie die folgenden Tatbestände auf den vorgegebenen Konten. Geben Sie in der Datumspalte die Nummer des Geschäftsfalles ((1), (2) usw.) und in der Textspalte die Kontonummer des Gegenkontos (der Gegenkonten) an.

(1) Die Kühlschränke werden samt Rechnung dem Kunden zugestellt.

(2) Sechs Tage später sendet der Kunde 5 Kühlschränke wegen schwerer Konstruktionsmängel zurück. Die Reklamation ist berechtigt.

(3) Für den Rücktransport bezahlen wir € 80,- + 20 % USt bar.

(4) Der Kunde reklamiert, daß die restlichen Kühlschränke leichte fabrikationsbedingte Emailschäden aufweisen. Wir vereinbaren mit ihm einen Preisnachlass von 20 %.

(5) Der Kunde bezahlt den offenen Rechnungsbetrag am 30. Tag nach der Lieferung durch Banküberweisung.

2700 Kassa

Dat.	Text	Soll	Haben
	AB	400	

2800 Bank

Dat.	Text	Soll	Haben
	AB	8.000	

Dat.	Text	Soll	Haben

Dat.	Text	Soll	Haben

Dat.	Text	Soll	Haben

Dat.	Text	Soll	Haben

Dat.	Text	Soll	Haben

Dat.	Text	Soll	Haben

Kommentar zu Ü 25

ad (2) Vergessen Sie nicht auf den sofort gewährten Rabatt. Die Rechnung der Retourwaren muss gleich sein wie beim Käufer (vergleichen Sie ad (2) in Ü 24).

ad (4) Beachten Sie bitte, dass nachträglich gewährte Rabatte für den Verkäufer eine Erlösberichtigung darstellen und als solche auf dem entsprechend benannten Konto zu

verbuchen sind. Weniger Erlös bedeutet jedoch auch eine geringere Verbindlichkeit gegen das Finanzamt und eine geringere Forderung an den Kunden.
Die Höhe des Rabatts vergleichen Sie mit der Berechnung beim Käufer (ad (4) in Ü 24).

Nach Lösungsvergleich

Informationen zu den nächsten Übungsaufgaben
Informationsteil, Kapitel 7.4

Übung zu 7.4 - Private Warenentnahme

Übung 26

Ein Gartengeräte-Händler entnimmt seinem Lager einen elektrischen Rasenmäher, um diesen seinem Sohn zum Geburtstag zu schenken.

Einstandspreis des Rasenmähers ohne USt € 240,-
Verkaufspreis des Rasenmähers ohne USt € 330,-
Rasenmäher unterliegen einer 20 %igen Umsatzsteuer.

Aufgabe:

Geben Sie bitte den Buchungssatz im untenstehenden Schema an. Beantworten Sie im Anschluss daran die theoretische Frage.

Kontonummer, Kontobezeichnung	Soll	Haben

Der Saldo des Privatkontos wird am Jahresende auf das ______________________________ übertragen. (Bitte setzen Sie den Namen des entsprechenden Kontos ein.)

Kommentar zu Ü 26

Der Händler entnimmt den Rasenmäher natürlich zum Einstandspreis. Am Handelswarenvorratskonto sind die Waren netto, d.h. ohne Umsatzsteuer verbucht. Für die Privatentnahme ist jedoch Umsatzsteuer zu zahlen.

Nach Lösungsvergleich

Informationen zu den nächsten Übungsaufgaben
Informationsteil, Kapitel 8

Übungen zu 8. Verbuchung von Aufwendungen

Übung 27

Geben Sie bitte zu den folgenden Belegen den Buchungssatz im Kontierungsschema (im Anschluss an die Belege) aus der Sicht der Firma Schröck an.
Überlegen Sie, welche Belege bereits bezahlt wurden (Überweisung oder Barzahlung). Belege, bei denen die Zahlung erst später erfolgt, sind auf das Verbindlichkeiten-Sammelkonto zu buchen.

Nummerieren und benennen Sie die Konten nach dem Kontenplan.
Schreiben Sie bitte jeweils die Zahl des Beleges ((1), (2) usw.) vor die erste Zeile des betreffenden Buchungssatzes. Machen Sie nach jedem Buchungssatz einen dicken Strich.

ER 277

BAUGLASEREI
LEOPOLD PLANER
1120 Wien, Erlgasse 26
Tel. 01/815 05 70-0

Wien, am 15.7. 20..
Tag der Lieferung: ____________

RECHNUNG NR. 415

für Fa. Otto Schröck & Co

Reparaturverglasung:		
1 Fensterscheibe K1 57 x 83 cm	€	36,--
20 % MwSt.	€	7,20
	€	43,20

Erlagschein

BAUGLASEREI
LEOPOLD PLANER
1120 Wien, Erlgasse 26
Tel. 01/815 05 70-0

Geschätzter Kunde!

Die bekannte Lage auf dem Kreditsektor zwingt uns, Sie zu bitten, den Rechnungsbetrag innerhalb von 2 Wochen nach Erhalt unserer Rechnung zu bezahlen. Nach Ablauf dieser Frist sehe ich mich gezwungen, von Ihnen die bankenüblichen Zinsen mit Spesen einzufordern. Diese betragen z. Z. 13 %.
Ich bitte höflichst um Ihr Verständnis.

Die gelieferte Ware bleibt bis zur vollständigen Bezahlung mein Eigentum.

Eingel.: ....

Zahl: ....

Ware übernommen

Preise inkl. _________ % Mehrwertsteuer
Zahlbar und klagbar in Wien.
Anstände werden nur innerhalb _________ Tage nach Empfang der Waren anerkannt.

Omega Lager-Nr. 348

(2)

(1)

Österreichische Post AG
1120 Wien
Arndtstrasse 81-83
Tel. 01/8132607

....
....
....

Es bediente Sie:
Frau Silvia Grasl
15.7.20.. 8:27

Rechnung Nr.: 11222123568525

Briefmarken	€	14,--
Briefmarken	€	40,--
Summe	**€**	**54,--**

WIR DANKEN FÜR IHR KOMMEN

(3)

R E C H N U N G Nr. 012843

Wir lieferten Ihnen am: 3. 7. 20..

Lieferanschrift: wie oben

Paket-Anzahl	Stück	Zahlbar und klagbar in Wien	Preis in € per 100	Betrag in €
6	6.000	Faltprospekte „Wohnen mit Textilien“	19,--	1.140,--
		- 15 % Rabatt		171,--
				969,--
		+ 20 % USt.		193,80
				1.162,80

4

Steuerberatungskanzlei

Dr. Wolfgang Ezzes

1120 Wien - Altgasse 23
☎: 01/867 59 86
Bank für Arbeit und Wirtschaft AG
BLZ 14000, Kto.-Nr. 05684-990-556
Postsparkasse
BLZ 60000, Kto.-Nr. 1356.789
Firmenbuchnummer 25002
Firmenbuchgericht: Wien

Firma
Otto Schröck & Co
Ruckergasse 16
1120 Wien Wien, 13. Juli 2002

HONORARNOTE Nr. 217

Steuerliche Beratung und Erstellung der Abgabenerklärungen für das Jahr 2001 .... Pauschale	€	1.650,--
20 % Umsatzsteuer	€	330,--
	€	**1.980,--**

Ich bitte Sie, den obenstehenden Betrag in den nächsten Tagen auf mein Konto bei der Bank für Arbeit und Wirtschaft AG, Konto Nr. 05684-990-556, einzuzahlen.

Mit freundlichen Grüßen

5

P.S.K.

AUFTRAGSBESTÄTIGUNG

Kontonummer Empfänger	5504099
BLZ	60000
Steuernummer	378 / 1417
Empfänger	**Finanzamt für den 12., 13. und 14. Bezirk und Purkersdorf**
Unterschrift des Auftraggebers - bei Verwendung als Überweisungsauftrag	Otto Schröck
Kontonummer des Auftraggebers	0100136 4300
BLZ-Auftragg./Bankverm.	11000
Auftraggeber/Einzahler - Name und Anschrift	OTTO SCHRÖCK & CO RUCKERGASSE 16 1120 WIEN
Betrag	1220,–
Zeitraum (Monat – Monat / Jahr)	– 05 / 02
Abgabenart	U

Bitte Rückseite beachten!

12-3215 a (9.99) 0999 - DVR: 0043184

013

05504099> 10+

Bitte dieses Feld nicht beschriften und nicht bestempeln! Die gesamte Rückseite ist von Bedruckung oder Beschriftung freizuhalten!

Kontonummer, Kontobezeichnung	Soll	Haben

Kommentar zu Ü 27

ad (1) Die Verglasung der Fensterscheibe stellt Erhaltungsaufwand dar. Die Rechnung ist noch offen.

ad (2) Gültige inländische Briefmarken sind ust-frei. Die Bezahlung erfolgte bar am Postamt.

ad (3) Die Faltprospekte sind als Werbeaufwand zu verbuchen. Die Rechnung ist noch offen.

ad (4) Die Leistung des Steuerberaters gehört zum Beratungsaufwand. Die Rechnung ist noch nicht überwiesen.

ad (5) Die USt-Zahlung an das Finanzamt ist vom Zahllastkonto abzubuchen.
Sie erinnern sich: am Monatsende wird der Saldo des VSt- und des USt-Kontos auf das Zahllastkonto übertragen und spätestens am 15. des übernächsten Monats an das Finanzamt abgeführt. Der Betrag wurde vom Bankkonto überwiesen (Angabe der Kontonummer des Einzahlers am Beleg).

Nach Lösungsvergleich

Informationen zu den nächsten Übungsaufgaben
Informationsteil, Kapitel 9

Übungen zu 9. Möglichkeiten des Rechnungsausgleichs

Übung 28

Die Firma H. Zeidler gleicht am 10.3. die Rechnung 1234 vom 8.3. über € 1.687,80 durch Banküberweisung aus. Zeidler hat die Rechnung nach Erhalt auf dem Konto 33001 Firma Eduard Heller verbucht.

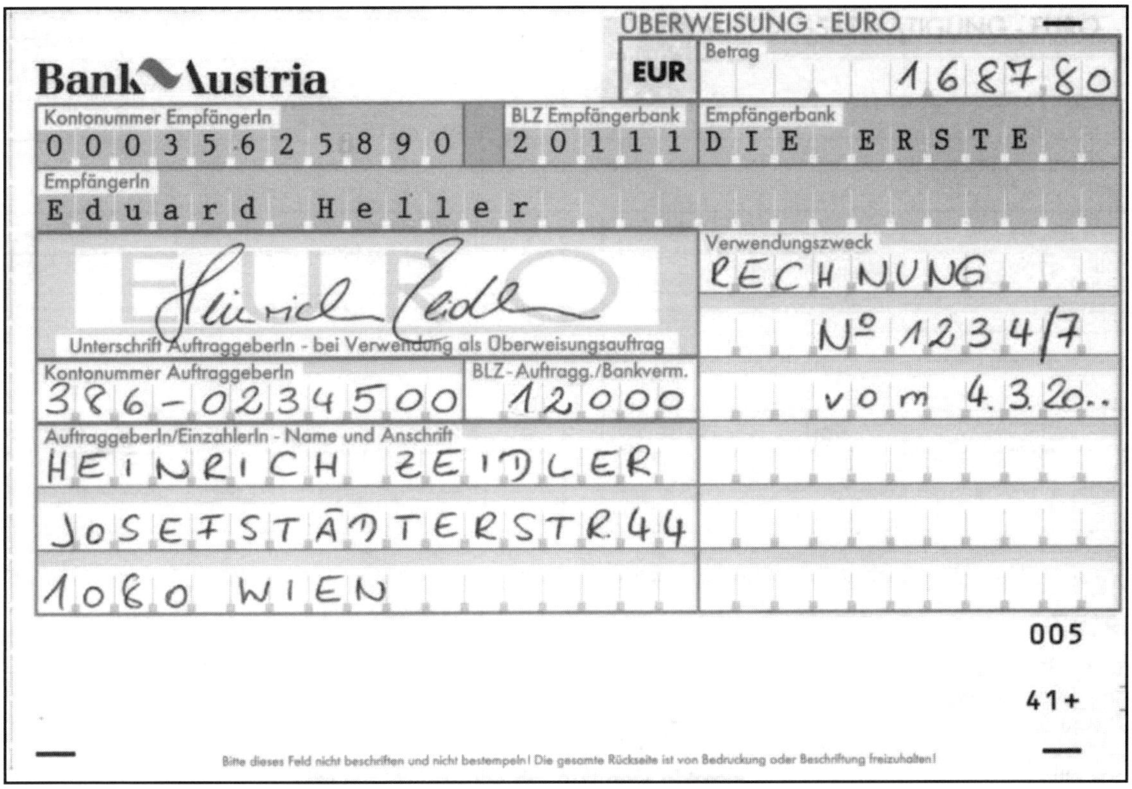
ÜBERWEISUNG - EURO
Bank Austria
EUR Betrag 1687 80
Kontonummer EmpfängerIn 00035625890
BLZ Empfängerbank 20111
Empfängerbank DIE ERSTE
EmpfängerIn Eduard Heller
Verwendungszweck RECHNUNG
Nº 1234/7
vom 4.3.20..
Unterschrift AuftraggeberIn - bei Verwendung als Überweisungsauftrag
Kontonummer AuftraggeberIn 386-0234500
BLZ-Auftragg./Bankverm. 12000
AuftraggeberIn/EinzahlerIn - Name und Anschrift
HEINRICH ZEIDLER
JOSEFSTÄDTERSTR.44
1080 WIEN
005
41+
Bitte dieses Feld nicht beschriften und nicht bestempeln! Die gesamte Rückseite ist von Bedruckung oder Beschriftung freizuhalten!

Geben Sie bitte den Buchungssatz für den Rechnungsausgleich an:

Nach Lösungsvergleich ⟶ weiter mit Übung 29

Übung 29

Wir übersenden per Postnachnahme Waren an die Firma Anton Haberl, Bad Ischl.
Die Faktura lautet auf € 840,- (700,- + € 140 USt), AR 171 vom 20.4.
An Portospesen sind € 9,08 (Paketporto) bar am Postschalter zu zahlen (K 201, 20.4.).
Am 28.4. werden € 830,- für die Nachnahmesendung unserem PSK-Konto gutgeschrieben (P 58).
Dieser Betrag ergibt sich aus

	€	840,-	Nachnahmebetrag
-	€	10,-	Gebühr
	€	830,-	

Aufgabe 1:

Stellen Sie bitte diese Tatbestände im untenstehenden Kontenschema dar.
Geben Sie bitte jeweils das Datum, den Beleg und die Nummer des Gegenkontos an.

2700 Kassa

Dat.	Text	Soll	Haben
	AB	765	

Dat.	Text	Soll	Haben

Dat.	Text	Soll	Haben

Dat.	Text	Soll	Haben

Dat.	Text	Soll	Haben

Dat.	Text	Soll	Haben

Dat.	Text	Soll	Haben

Dat.	Text	Soll	Haben

Die Kommentare finden Sie gesammelt am Ende der drei Aufgaben.

Aufgabe 2:

Verbuchen Sie diesen Sachverhalt aus der Sicht des Kunden, der Firma Anton Haberl.
Haberl erhält die Ware am 23.4. (ER 53) und zahlt außer der Nachnahme von € 840,- noch € 3,50 an Zustellgebühr bar. Die Waren sind auf dem Konto 1600 HW-Vorrat zu verbuchen.

2700 Kassa

Dat.	Text	Soll	Haben
	AB	976	

Dat.	Text	Soll	Haben

Dat.	Text	Soll	Haben

Dat.	Text	Soll	Haben

Aufgabe 3:

Wie hätte der Verkäufer die Nichtannahme zu verbuchen?

Sie sehen im untenstehenden Kontenbild die Buchung der Faktura (20.4.) und der Portospesen (20.4.).
Nehmen Sie an, am 26.4. kommt die Nachnahmesendung an uns zurück, da Haberl die Annahme verweigert hat. Für die Rücksendung zahlen wir eine Gebühr von € 12,72 bar (K 205). Beleg für die Retourware R 7.

2700 Kassa

Dat.	Text	Soll	Haben
	AB	765	
20.4.	K 201/7380		9,08

7380 Nachrichtenaufwand

Dat.	Text	Soll	Haben
20.4.	K 201/2700	9,08	

2040 Nachnahmeforderungen

Dat.	Text	Soll	Haben
20.4.	AR171/3500/4000	840	

4000 Umsatzerlöse

Dat.	Text	Soll	Haben
20.4.	AR171/2040		700

3500 Umsatzsteuer

Dat.	Text	Soll	Haben
20.4.	AR171/2040		140

Kommentar zu Ü 29

ad Aufgabe 1:
- Der Rechnungsbetrag wird zunächst als Forderung an Haberl (auf dem Konto 2040 Nachnahmeforderungen) verbucht.
- Die Portospesen zählen zu den Ausgangsfrachten, jedoch zu buchen auf dem Konto 7380.
- Die Gebühr für die Postanweisung und die Zustellgebühr können auf Konto 7790 Spesen des Geldverkehrs, aber auch auf Konto 7380 Nachrichtenaufwand verbucht werden.

ad Aufgabe 2: Die Zustellgebühr, die der Käufer zu zahlen hat, ist auf dem Konto 1600 zu verbuchen.

ad Aufgabe 3:
- Stornierung der Buchung des Warenverkaufs.
- Gebühren für die Rücksendung sind hier als Postgebühren zu verbuchen.

Nach Lösungsvergleich

Informationen zu den nächsten Übungsaufgaben
Informationsteil, Kapitel 9.2.3

Übungen zu 9.2.3 - Scheck

Vorbemerkung:
Bei diesen beiden Aufgaben ist die **Scheckbuchung exakt** auszuführen.

Übung 30

16.5.: AR 95 Warenverkauf € 13.300,- + 20 % USt frei Haus auf Ziel an Franz Zimmer (20009)

19.5.: ER 87 Für den Transport dieser Waren erhalten wir eine Speditionsnota in Höhe von € 480,- + 20 % USt. Über diesen Betrag stellen wir einen Scheck aus. Auf der Speditionsnota wird die Scheckübergabe bestätigt.

22.5.: Sch15 Wir erhalten am 22.5. einen Verrechnungsscheck über € 10.000,- zum Teilausgleich der AR 95, den wir am selben Tag zur Gutschrift auf unserem Bankkonto einreichen.

23.5.: B 82 Der Bankauszug zeigt die Scheckabbuchung für ER 87.

25.5.: B 84 Der Bankauszug mit der Gutschrift des Verrechnungsschecks trifft ein.

Aufgabe:

Stellen Sie diesen Geschäftsfall in Form von Buchungssätzen dar. Geben Sie jeweils Datum, Beleg, Kontonummer und Kontobezeichnung an.

Beachten Sie: **Die Schecks sind exakt zu verbuchen**.

Dat.	Beleg	Kontonummer, Kontobezeichnung	Soll	Haben

Kommentar zu Ü 30

Da dieses Beispiel nicht nur Ihr Wissen über die exakte Verbuchung von Schecks überprüft, sollten Sie bei Problemen bzw. Fehlern die betreffenden Informationen nochmals durcharbeiten.

Nach Lösungsvergleich ⟶ weiter mit Übung 31

Übung 31

Ein Fahrer des Taxiunternehmens "Funk-Flink" legt am 15.4. der Buchhalterin des Unternehmens folgenden Beleg vor.

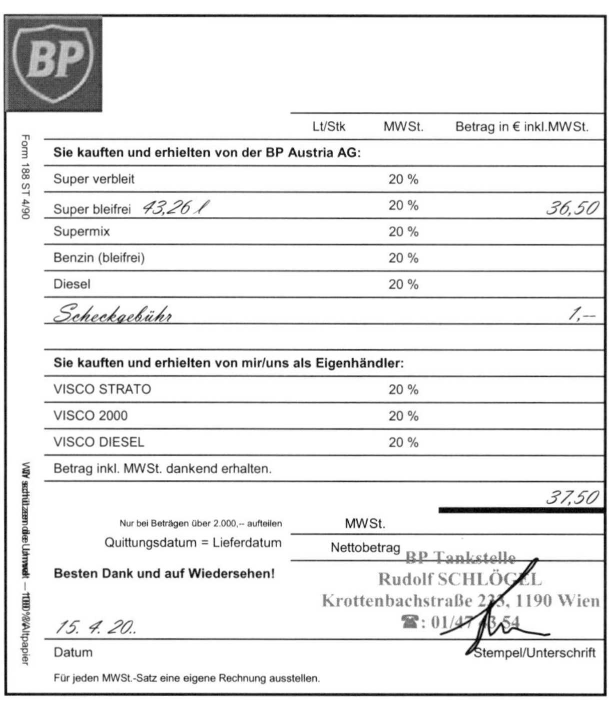

Form 188 ST 4/90

	Lt/Stk	MWSt.	Betrag in € inkl.MWSt.
Sie kauften und erhielten von der BP Austria AG:			
Super verbleit		20 %	
Super bleifrei	43,26 l	20 %	36,50
Supermix		20 %	
Benzin (bleifrei)		20 %	
Diesel		20 %	
Scheckgebühr			1,–
Sie kauften und erhielten von mir/uns als Eigenhändler:			
VISCO STRATO		20 %	
VISCO 2000		20 %	
VISCO DIESEL		20 %	
Betrag inkl. MWSt. dankend erhalten.			37,50

Nur bei Beträgen über 2.000,– aufteilen
Quittungsdatum = Lieferdatum

MWSt.
Nettobetrag

Besten Dank und auf Wiedersehen!

BP Tankstelle
Rudolf SCHLÖGL
Krottenbachstraße 2[illegible], 1190 Wien
☎: 01/47[illegible]54

15. 4. 20..
Datum

Stempel/Unterschrift

Für jeden MWSt.-Satz eine eigene Rechnung ausstellen.

Wir schützen die Umwelt – 100% Altpapier

Der Fahrer hat zur Begleichung der Tankrechnung einen Firmenscheck über € 37,50 ausgestellt. Am 21.4. zeigt der Kontoauszug des Taxiunternehmens die Abbuchung dieses Schecks.

Aufgabe 1:

Stellen Sie die Buchungen in Form von Buchungssätzen dar, die sich für das Taxiunternehmen aus diesem Geschäftsfall am 15.4. und am 21.4. ergeben.

Aufgabe 2:

Nehmen Sie an, dass dies der einzige Scheckumsatz war, den diese Tankstelle am 15.4. getätigt hat. Am 16.4. wird dieser Scheck dem Kreditinstitut der Tankstelle zur Gutschrift auf das Firmenbankkonto vorgelegt. Die Gutschrift selbst ersieht der Tankstellenpächter, Herr Schlögel, am 21.4. Der Scheckbetrag wurde gutgeschrieben, gleichzeitig wurde das Bankkonto mit € 1,- für Scheckspesen belastet.
Geben Sie die Buchungssätze aus der Sicht der Tankstelle bei Erhalt des Schecks und bei Gutschrift am Bankkonto an.

Kommentar zu Ü 31

ad Aufgabe 1: Das Taxiunternehmen könnte entweder den gesamten Nettobetrag auf das PKW-Betriebsaufwandkonto buchen oder die beiden Aufwände differenzieren, d.h. den Nettobetrag der Scheckgebühr als Spesen des Geldverkehrs verbuchen.
Die Verbuchung der Abbuchung selbst dürfte kein Problem darstellen.

ad Aufgabe 2: Der Tankstellenpächter könnte entweder den gesamten Nettoerlös als Umsatzerlös ausweisen oder die beiden Erlöse differenzieren, d.h. den Nettobetrag der Scheckgebühr auf das Erlöskonto "Spesenersatz" buchen.
Die Gutschrift und die Belastung wird der Tankstellenpächter getrennt verbuchen.

Nach Lösungsvergleich

Informationen zu den nächsten Übungsaufgaben
Informationsteil, Kapitel 9.2.4

Übungen zu 9.2.4 - Zahlungen mittels Kredit- und Bankomatkarten

Übung 32

Die Firma Johann Diamant, Optik-Uhren-Schmuck, hat am 13.2. Blumen im Blumenhaus König gekauft und mit der Firmenkreditkarte bezahlt. Diese Blumen verschenkt Herr Diamant am Valentinstag an seine Kundinnen.

BLUMEN KÖNIG
Rudolf-Buchinger-Str. 8
3430 Tulln

Fa. Diamant, Tulln

Anz.	Datum 13.2. 20..	Preis	Euro	
	div. Schnittblumen		240,	--
	+ 10 % MWSt.		24,	--
			264,	--
	VISA			
Verkäufer:	Preise inkl. 10 % USt.			

Bei Irrtum oder Umtausch ist dieser Kassenzettel vorzulegen.

Bahel B

4548 1820 1666 3020

VISA

03/02 CV
JOHANN DIAMANT

VERKAUFSBELEG
SALES DRAFT

BLUMEN KÖNIG
RUDOLF-BUCHINGERSTR. 6
3430 TULLN
600 146 559

Datum/*Date* 13. 2. 20..
Autorisierungs-Nummer/*Code* 6 57315

Betrag in €/*Amount in €* 264,--

VISA-Service KREDITKARTEN-AG
Postfach 147, 1011 Wien

Diamant

Unterschrift/*Signature*

Durch die Unterschrift anerkennt der Karteninhaber die Richtigkeit dieses Beleges und verpflichtet sich, den angeführten Betrag gemäß den Bedingungen zur Verwendung der Karte zu bezahlen.

The cardholder agrees to accept this transaction and agrees to pay the Total amount shown as per the current agreement with the cardissuing bank.

Kopie für den Karteninhaber / *Cardholder's Copy*

Am 10.3. erhält das Schmuckgeschäft die Monatsabrechnung der Kreditkartenorganisation, lautend auf € 264,-. Dieser Betrag wird am 28.3. vom Geschäftsbankkonto überwiesen.

Aufgabe 1:

Stellen Sie die Buchungen aus der Sicht des Schmuckgeschäftes Diamant in Form von Buchungssätzen im vorgegebenen Raster für den Kauf und für die Überweisung dar.

Dat.	Kontonummer, Kontobezeichnung	Soll	Haben

Aufgabe 2:

Das Blumengeschäft hat am 13.2. in Summe Umsätze in Höhe von € 886,60 inkl. 10 % USt erzielt, die mittels Visa von den Käufern beglichen wurden.
Das Blumengeschäft erhält am 18.2. die Gutschrift für diesen Tagesumsatz abzüglich 4% Provision (Tagesauszug des Bankkontos).

a) Überlegen Sie, wie die Abrechnung von Visa aussehen könnte. Stellen Sie diese betragsmäßig oberhalb des Rasters dar.

b) Geben Sie in dem untenstehenden Raster die Buchungen an, die sich aus diesen Tatbeständen für die Blumenhandlung am 13. und am 18.2. ergeben. Gehen Sie davon aus, dass die Blumenhandlung den Verkauf und die Abrechnung der Kreditkartenorganisation getrennt verbucht.

Dat.	Kontonummer, Kontobezeichnung	Soll	Haben

Kommentar zu Ü 32

ad Aufgabe 1: Diese Buchungen sollten für Sie kein Problem sein.
Die Blumen stellen für das Schmuckgeschäft Werbeaufwand dar.

ad Aufgabe 2: Bei der Berechnung der Provision müssen Sie daran denken, dass die Kreditkartenorganisation die Provision vom Rechnungsbetrag (= Visa-Beleg) berechnet und dazu 20 % USt rechnet. Überwiesen wird der Rechnungsbetrag abzüglich Provision und USt auf diese Provision.
Die Buchungen selbst dürften ebenfalls kein Problem darstellen.

Nach Lösungsvergleich ⟶ weiter mit Übung 33

Übung 33

Das Papiergeschäft Stöger hat am 7.10. Bankomatkartenumsätze in Höhe von € 447,60 (€ 373,- + 20 % USt).

Am 9.10. zeigt der Kontoauszug diese Gutschrift.

Am 5.11. zeigt der Kontoauszug die Abbuchung der Provision für die Bankomatkartenumsätze des Monats Oktober:

	€ 24,60
zuzüglich 20 % Ust	€ 4,92
Gesamtbelastung	€ 29,52

Aufgabe :

Stellen Sie die daraus resultierenden Buchungen aus der Sicht des Papiergeschäftes in Form von Buchungssätzen im untenstehenden Raster dar. Geben Sie jeweils das Datum des Geschäftsfalles und die Kontonummer und Kontobezeichnung an.

Dat.	Kontonummer, Kontobezeichnung	Soll	Haben

Nach Lösungsvergleich

Informationen zu den nächsten Übungsaufgaben
Informationsteil, Kapitel 9.3

Übung zu 9.3.1 - Anzahlung

Übung 34

Am 4.8. bestellen Wesenbauer & Co, 20005, bei uns (Fa. Putz & Sauber) das Streichen aller Türen und Fenster des Bürogebäudes. Unser Kostenvoranschlag lautet auf € 8.000,- + € 1.600,- USt.

Am 10.8. ersehen wir aus dem Kontoauszug (B 135) die Überweisung Wesenbauers in Höhe von € 2.400,- (inkl. 20 % USt) als Anzahlung.

Am 4.9. sind wir mit den Anstreicherarbeiten fertig und erstellen folgende Abrechnung (AR 127)

Material	€	1.700,-
Arbeitslohn	€	6.000,-
	€	7.700,-
zuzüglich 20 % USt	€	1.540,-
	€	9.240,-
- Anzahlung inkl. 20 % USt	€	2.400,-
	€	6.840,-

zahlbar bis zum 30.9. netto ohne jeden Abzug.

Aufgabe 1:

Buchen Sie diesen Geschäftsfall aus der **Sicht des Verkäufers** im untenstehenden Kontenschema. Die **Anzahlung** ist **nach Variante 1 (mit Interimskonto)** zu verbuchen. Als Beleg für die Interimsbuchung wählen Sie BA (Buchungsanweisung) 20 und 21. Bei jeder Buchung ist Datum, Beleg und Kontonummer des Gegenkontos anzuführen.

Dat.	Text	Soll	Haben

Dat.	Text	Soll	Haben

Dat.	Text	Soll	Haben

Dat.	Text	Soll	Haben

Dat.	Text	Soll	Haben

Dat.	Text	Soll	Haben

Aufgabe 2:

Buchen Sie diesen Geschäftsfall aus der **Sicht des Käufers**, der Firma Wesenbauer & Co im untenstehenden Kontenschema. Auch hier ist bei jeder Buchung Datum, Beleg und Kontonummer des Gegenkontos anzuführen. Der Lieferant Putz & Sauber hat die Personenkontennummer 33009. Die **Anzahlung** ist **nach Variante 1 (mit Interimskonto)** zu verbuchen. Als Beleg für die Interimsbuchungen verwenden Sie BA 34 und BA 38. Hinsichtlich Daten und Belege ergeben sich folgende Änderungen:

Am 7.8. erhält Wesenbauer die Rechnung für die Anzahlung in Höhe von € 2.000,-- + 20 % USt (noch keine Buchung).

Am 8.8. überweist Wesenbauer die Anzahlung (B 124)

Am 4.9. erhält Wesenbauer die Abrechnung (ER 98). Die Rechnung wird als Erhaltungsaufwand (vgl. Kapitel 8.3) verbucht.

2800 Bank

Dat.	Text	Soll	Haben
	AB	12.600	

Dat.	Text	Soll	Haben

Dat.	Text	Soll	Haben

Dat.	Text	Soll	Haben

Dat.	Text	Soll	Haben

Dat.	Text	Soll	Haben

Kommentar zu Ü 34

Bevor Sie Ihre Lösung mit unserer vergleichen, kontrollieren Sie bitte, ob Sie

- am USt- bzw. VSt-Konto in Summe jenen Betrag ausweisen, der der in der Endabrechnung ausgewiesenen USt entspricht,
- am Erlös- bzw. Aufwandkonto den gesamten Nettorechnungsbetrag verbucht haben,
- am Personenkonto als Saldo den noch zu fordernden bzw. den noch zu zahlenden Restbetrag ausweisen.

Ist dies nicht der Fall, hoffen wir, Ihnen mit Hinweisen zur Verbuchung der Anzahlung helfen zu können:

- Der Anzahlungsbetrag wird zunächst brutto verbucht. Die Aufteilung in Nettobetrag und USt-Anteil erfolgt über eine Interimsbuchung. Durch diesen Zwischenschritt ist es auch möglich, den Kauf bzw. Verkauf so zu verbuchen als hätte es keine Anzahlung gegeben. Sobald der Kauf bzw. Verkauf verbucht wurde, ist die Interimsbuchung wieder aufzulösen.
- Bei dieser Variante scheint nach Auflösung der Interimsbuchung am USt- bzw. VSt-Konto der Gesamtbetrag der Umsatzsteuer (lt. Endabrechnung) auf.

Nach Lösungsvergleich ⟶ weiter mit Übung 35

Übung 35

Am 24. 8. bestellt das Einrichtungshaus Taus bei Backhausen (33001) diverse Möbelstoffe (für Taus sind das Rohstoffe) in Summe € 50.000,- + 20 % USt.

Auszug aus dem Kaufvertrag:
20 % Anzahlung bei Auftragserteilung, Rest 30 Tage Ziel;
Lieferung frei Haus.

Am 31. 8. überweist Taus die geforderte Anzahlung in Höhe von € 10.000,- + 20 % USt.

Am 25.10. werden die Stoffe geliefert und die Rechnung übergeben.

Am 28.10. reklamiert Taus. Die Breite der Stoffbahnen entspricht nicht der Vereinbarung. Am 3.11. erhält Taus eine Gutschrift über 10 % Rabatt auf den Gesamtbetrag.

Am 25.11. überweist Taus den offenen Restbetrag.

Aufgabe 1:

Buchen Sie diesen Geschäftsfall aus der **Sicht des Einrichtungshauses Taus (Käufer)** im untenstehenden Kontenschema. Die **Anzahlung** ist **nach Variante 1 (mit Interimskonto)** zu verbuchen. Geben Sie bei jeder Buchung das Datum und in der Textspalte die Nummer(n) des(der) Gegenkontos (-konten) an.

2800 Bank

Dat.	Text	Soll	Haben
	AB	72.700	

Dat.	Text	Soll	Haben

Dat.	Text	Soll	Haben

Dat.	Text	Soll	Haben

Dat.	Text	Soll	Haben

Dat.	Text	Soll	Haben

Kommentar zu Ü 35, Aufgabe 1

Die Verbuchung der Anzahlung selbst sollte keine Schwierigkeiten bereiten. Sie müssen jedoch überlegen, welches Anzahlungskonto der Käufer wählt. Taus leistet die Anzahlung auf Rohstoffe (Klasse 1), daher ist das Konto „Geleistete Anzahlung auf Vorräte" (Klasse 1) zu verwenden.
Beachten Sie:
Im Erläuterungsbeispiel (Band I) handelte es sich um einen Anlagenkauf (Klasse 0), daher wurde das Konto „Geleistete Anzahlung auf Sachanlagen" (Klasse 0) gewählt. In Beispiel 34 hat Wesenbauer die Anzahlung für eine Dienstleistung, nämlich das Streichen der Türen und Fenster geleistet und dadurch das Konto „2390 Geleistete Anzahlungen (sonstige)" verwendet.

Aufgabe 2:

Buchen Sie diesen Geschäftsfall aus der **Sicht des Verkäufers, der Firma Backhausen**. Das Einrichtungshaus Taus wird mit der Kundenkontonummer 20021 geführt.
Bei den Daten gibt es folgende Änderungen:

Am 4.9. ersieht Backhausen die Überweisung der Anzahlung.

Das Datum der Rechnungslegung und damit der Verbuchung der Lieferung bleibt gleich.

Die Gutschrift über 10 % Rabatt auf den Gesamtbetrag wird von Backhausen am 30.10. übersandt.

Am 2.11. erhält Backhausen die Speditionsnota für die Zustellung der Stoffe an Taus in Höhe von € 300,- + 20 % USt und überweist sofort.

Die Restzahlung ersieht Backhausen am 29.11. aus dem Kontoauszug.

Dat.	Text	Soll	Haben

Dat.	Text	Soll	Haben

Dat.	Text	Soll	Haben

Dat.	Text	Soll	Haben

Dat.	Text	Soll	Haben

Dat.	Text	Soll	Haben

Dat.	Text	Soll	Haben

Dat.	Text	Soll	Haben

Dat.	Text	Soll	Haben

Dat.	Text	Soll	Haben

Kommentar zu Ü 35, Aufgabe 2

Auch aus Verkäufersicht sollte die Verbuchung der Anzahlung keine Schwierigkeiten machen.

Zwei Hinweise, bevor Sie Ihre Lösung mit unserer vergleichen:

- o Da die Lieferkondition „frei Haus" lautet, trägt der Verkäufer die Kosten für die Lieferung. Sie sind für ihn Aufwand und die anteilige USt ist wie bei jeder Eingangsrechnung Vorsteuer.
- o Ein nachträglich gewährter Rabatt stellt für den Verkäufer eine Berichtigung des Erlöses dar und wird auf einem eigenen Konto verbucht.

Nach Lösungsvergleich

Informationen zu den nächsten Übungsaufgaben
Informationsteil, Kapitel 9.4

Übungen zu 9.4. - Zahlungskonditionen

Übung 36 - Sofort gewährter Skonto

Kassazettel der Papierhandlung DOM Papier für einen Barverkauf an das Sporthaus Dönch:

DOM Papier 4020 Linz
Domplatz 2 - 4

Sporthaus Dönch

Anz.	Datum 22. 7. 20..	Einzel-preis	EUR	
20	Ordner	2,40	48,	--
5	Postmappen	6,20	31,	--
5	Locher	2.10	10,	50
10	Pakete Kopierpapier	6,40	64,	--
			153,	50
	- Skonto		3,	50
			150,	--
	+ 20 % Umsatzsteuer		30,	--
			180,	--
	BEZAHLT			

inklusive ../.. % MWSt.

Aufgabe 1:

Kontieren Sie bitte diesen Beleg vom Standpunkt des Lieferanten (DOM Papier)

Kontonummer, Kontobezeichnung	Soll	Haben

Aufgabe 2:

Kontieren Sie bitte diesen Beleg vom Standpunkt des Käufers (Sporthaus Dönch). Das Sporthaus Dönch bucht die Rechnung als Büromaterialaufwand.

Kontonummer, Kontobezeichnung	Soll	Haben

Kommentar zu Ü 36

Beachten Sie:
Sofort gewährte Preisnachlässe gehen weder in die Buchhaltung des Verkäufers, noch in die Buchhaltung des Käufers ein. Zu buchen ist nur der Betrag nach Abzug des Skontos.

Nach Lösungsvergleich ⟶ weiter mit Übung 37

Übung 37 - Skonto nach Rechnungslegung beim Verkäufer

Steinlechner & Co erhalten am 26.9. einen PSK-Tagesauszug mit folgendem Erlagschein:

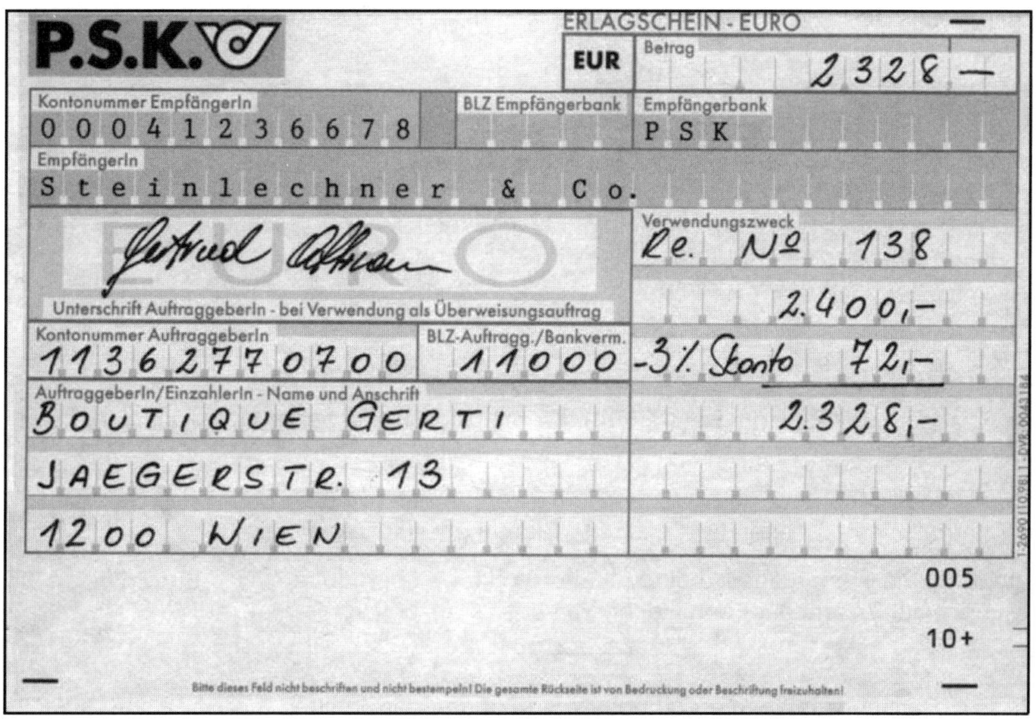
P.S.K.
ERLAGSCHEIN - EURO
EUR Betrag 2328,–
Kontonummer EmpfängerIn: 0 0 0 4 1 2 3 6 6 7 8
BLZ Empfängerbank
Empfängerbank: P S K
EmpfängerIn: Steinlechner & Co.
Verwendungszweck: Re. No 138
2.400,–
-3% Skonto 72,–
2.328,–
Unterschrift AuftraggeberIn - bei Verwendung als Überweisungsauftrag
Kontonummer AuftraggeberIn: 11362770700
BLZ-Auftragg./Bankverm.: 11000
AuftraggeberIn/EinzahlerIn - Name und Anschrift:
BOUTIQUE GERTI
JAEGERSTR. 13
1200 WIEN
005
10+

Aufgabe:

Verbuchen Sie diese Zahlung aus der Sicht der Firma Steinlechner. Die Buchungen auf den angeführten Konten resultieren aus dem dazugehörenden Warenverkauf.

Geben Sie bitte bei der Verbuchung der Zahlung wieder Datum und Kontonummer des Gegenkontos an. Der Kunde hat den Skonto berechtigterweise abgezogen.

20006 Boutique Gerti

Dat.	Text	Soll	Haben
20.9.	AR 47/3500/4000	2.400	

3500 Umsatzsteuer

Dat.	Text	Soll	Haben
20.9.	AR 47/20006		400

Dat.	Text	Soll	Haben

4000 Umsatzerlöse

Dat.	Text	Soll	Haben
20.9.	AR 47/20006		2.000

Dat.	Text	Soll	Haben

Kommentar zu Ü 37

An den Kunden gewährte Skonti bedeuten für den Lieferanten

- Verminderung der Forderung
- Verminderung der Umsatzsteuerverbindlichkeit
- Verminderung des Erlöses (gebucht wird jedoch nicht am Erlöskonto, sondern am Konto 4440 Skontoaufwand)

Nach Lösungsvergleich ⟶ weiter mit Übung 38

Das folgende Übungsbeispiel zeigt den selben Geschäftsfall
- einmal aus der Sicht des Käufers
- einmal aus der Sicht des Verkäufers

Übung 38 - Skonto nach Variante A + B (beim Käufer)

Die Firma Rosenbauer kauft von IBM (33004) diverse Computererweiterungen um insgesamt € 35.000,- zuzügl. 20% USt.

Die Zahlungskondition lautet:
"Zahlbar innerhalb von 10 Tagen abzüglich 3% Skonto oder 60 Tage Ziel."

Am 7.4. werden die Computerteile geliefert, die Rechnung übergeben.
Am 13.4. überweist Rosenbauer den Rechnungsbetrag abzüglich Skonto.

Aufgabe 1:

Stellen Sie die Buchungssätze, die sich aus dem Kauf und der Zahlung mittels Skonto aus der Sicht des Käufers ergeben, nach den Varianten A und B dar.

Buchungen des Käufers bei Variante A:

Buchungen des Käufers bei Variante B:

Aufgabe 2:

Gehen Sie davon aus, dass der Skonto nicht ausgenutzt werden konnte und die Zahlung durch Banküberweisung erst am 5. Juni erfolgte.
Stellen Sie zu beiden Varianten die Buchungen für den Kauf und die Zahlung aus der Sicht des Käufers auf den untenstehenden Konten dar.

Variante A:

2800 Bank

Dat.	Text	Soll	Haben
	Div.	50.000	

Dat.	Text	Soll	Haben

Dat.	Text	Soll	Haben

Dat.	Text	Soll	Haben

Dat.	Text	Soll	Haben

Dat.	Text	Soll	Haben

Variante B:

2800 Bank

Dat.	Text	Soll	Haben
	Div.	50.000	

Dat.	Text	Soll	Haben

Dat.	Text	Soll	Haben

Dat.	Text	Soll	Haben

Dat.	Text	Soll	Haben

Dat.	Text	Soll	Haben

Aufgabe 3:

IBM (Verkäufer) verbucht die AR für die Lieferung an Rosenbauer (20035) am 7.4.
Am 15.4. ersieht IBM aus dem Kontoauszug die Zahlung von Rosenbauer abzüglich Skonto.

Stellen Sie die Buchungen für den Verkauf und den Zahlungseingang in Form von Buchungssätzen dar.

Kommentar zu Ü 38

ad Berechnung:

Bei Variante A ist bei der Verbuchung der Anschaffung der Skonto vom Nettorechnungsbetrag zu berücksichtigen, d.s. 3% von € 35.000,-.
Die Umsatzsteuer wird zunächst in der in der Rechnung ausgewiesenen Höhe am Konto 2500 verbucht. Eine Korrektur erfolgt erst bei der tatsächlichen Ausnutzung des Skontos (sowohl bei Variante A als auch bei Variante B).

Für die Berechnung des Überweisungsbetrages ist der Skonto natürlich vom Gesamtrechnungsbetrag abzuziehen.

ad Aufgabe 1 und 2:

Variante A: Bei dieser Variante wird der Skonto immer als Finanzierungsaufwand gesehen, sodass auf dem Anlagekonto nur der um den Skonto verminderte Anschaffungswert verbucht wird. D.h.: wird der Skonto nicht ausgenutzt, scheint auf dem Anlagekonto trotzdem der um den Skonto verminderte Wert auf. Der nicht ausgenutzte Skonto scheint als Finanzierungsaufwand am Konto 8350 auf und geht als solcher gewinnmindernd in die G+V-Rechnung ein.

Varante B: Bei dieser Variante wird der Skonto nur dann als Minderung der Anschaffungskosten gesehen, wenn er tatsächlich ausgenützt wird (vgl. Aufgabe 1). Wird der Skonto nicht ausgenutzt, steht am Bestandskonto der volle Rechnungspreis (ohne USt) - vgl. Aufgabe 2.

ad Aufgabe 3:

IBM bucht zunächst den Verkauf ohne Berücksichtigung des Skontos.
Der vom Käufer abgezogene Skonto stellt für den Verkäufer eine Erlösberichtigung dar und bedingt eine Korrektur der USt (Konten 4440 und 3500 im Soll).

Nach Lösungsvergleich ⟶ weiter mit Übung 39

Übung 39 Zusammenfassendes Beispiel Wareneinkauf (mit Transportkosten, Retourwaren, Rabatt) mit Skonto

Wie Sie schon aus der Überschrift ersehen, bei diesem Beispiel sollen Sie nicht nur die Verbuchung eines nachträglich in Anspruch genommenen Skontos üben, sondern gleichzeitig den Wareneinkauf mit seinen möglichen zusätzlichen Buchungen wiederholen.

17.4.: Wir bestellen bei der Firma Friedrich Meier ("FM-Küchen") 5 Küchen, Marke Landhaus, à € 6.000,- ab Werk.

3.5.: Wir erhalten die Nachricht, dass die Küchen abgeholt werden können.

6.5.: Die Speditionsfirma Schenker & Co liefert uns diese Küchen.
Wir zahlen sofort an Transportkosten € 360,- + 20 % USt bar.

Gleichzeitig erhalten wir die Rechnung über die 5 Küchen von der Firma Friedrich Meier (Kto.Nr. 33004):

5 Küchen, Marke Landhaus, à € 6.000,-	€	30.000,-
- 10 % Rabatt	€	3.000,-
	€	27.000,-
+ 20 % USt	€	5.400,-
	€	32.400,-

zahlbar innerhalb von 10 Tagen abzüglich 3 % Skonto oder 60 Tage Ziel.

8.5.: Bei der Qualitätskontrolle mussten wir feststellen, dass **eine Küche** an der Oberfläche Körnchen aufweist. Diese Küche geht **retour**. Die Firma FM lässt diese Küche abholen. Bei **einer anderen Küche** sind die Fronten im Farbton nicht exakt. Wir einigen uns mit FM und erhalten für diese Küche einen zusätzlichen **Sonderrabatt von 20 %**.

15.5.: Wir überweisen den noch offenen Rechnungsbetrag abzüglich 3 % Skonto.

Aufgabe:

Stellen Sie alle Buchungen, die aus diesem Geschäftsfall resultieren, aus der **Sicht des Käufers** auf den vorgegebenen Konten dar. FM hat die Personenkontonummer 33004. Die Konten sind zu nummerieren und zu benennen.
Führen Sie bei jeder Buchung das Datum sowie in der Textspalte die Nummer(n) des (der) Gegenkontos(-konten) an.

Beachten Sie:
In diesem Beispiel ist der Skonto beim Käufer nach **Variante C** zu verbuchen.

2700 Kassa

Dat.	Text	Soll	Haben
	AB	450	

2800 Bank

Dat.	Text	Soll	Haben
	AB	46.200	

Dat.	Text	Soll	Haben

Dat.	Text	Soll	Haben

Dat.	Text	Soll	Haben

Dat.	Text	Soll	Haben

Kommentar zu Ü 39

17.4. bzw. 3.5.: keine Buchung

6. bzw. 8.5.: diese Buchungen stellen eine Wiederholung dar. Dabei werden Sie sicher keine Schwierigkeiten haben.

15.5.: Zahlung abzüglich Skonto. Für diese Buchung wollen wir Ihnen Hilfestellung geben.

a) Berechnung:

	€	32.400,00	=	Rechnungsbetrag
-	€	7.776,00	=	Gutschrift (für Retourwaren und Sonderrabatt)
	€	24.624,00,-	=	noch offen, davon 3 % Skonto
-	€	738,72	=	3 % Skonto
	€	23.885,28	=	Überweisung vom Bankkonto

b) Buchung:

Den um den Skonto verminderten Betrag überweisen wir → Konto 2800 Haben

Der Netto-Skonto stellt für uns einen Ertrag dar → Konto 5880 Haben

Da wir weniger zahlen, vermindert sich auch unsere Forderung an das Finanzamt → Konto 2500 Haben

Durch die Zahlung haben wir unsere Schuld bei FM beglichen → Konto 33004 Soll

Nach Lösungsvergleich → weiter mit Übung 40

Übung 40 Zusammenfassendes Beispiel Warenverkauf (Transportkosten, Retourwaren, Rabatt) mit Skonto

5. 8.: Wir erhalten vom Kleiderhaus Chic (20005) die Bestellung über 50 Stück Damenmäntel „Winter“, größen- und farbsortiert, à € 180,-, Lieferung frei Haus. Zahlbar innerhalb von 10 Tagen abzüglich 3 % Skonto oder 60 Tage Ziel.

20. 9.: Die Mäntel werden geliefert, die Rechnung übergeben:

50 Stück Damenmäntel „Winter“ à € 180,-	€ 9.000,-
- 10 % Mengenrabatt	€ 900,-
	€ 8.100,-
+ 20 % Ust	€ 1.620,-
	€ 9.720,-

25. 9.: Wir übersenden auf Grund berechtigter Reklamationen folgende Gutschrift an das Kleiderhaus:

5 Mäntel retour	€ 810,00
20 % Rabatt auf 10 Mäntel	€ 324,00
	€ 1.134,00
+ 20 % Ust	€ 226,80
Gesamtgutschrift	€ 1.360,80

30. 9.: Wir erhalten die Speditionsnota für die Zustellung bzw. Abholung der falsch gelieferten Mäntel: € 125,- + 20 % Ust – wir überweisen sofort.

3.10.: Wir ersehen aus dem Kontoauszug die Überweisung von Chic. Das Kleiderhaus hat sich berechtigterweise vom offenen Restbetrag 3 % Skonto abgezogen.

Aufgabe:

Stellen Sie nun alle Buchungen aus der **Sicht des Verkäufers** dar.

20005 Kleiderhaus Chic

Dat.	Text	Soll	Haben

Dat.	Text	Soll	Haben

2800 Bank

Dat.	Text	Soll	Haben
	Div.	4.175,00	

Dat.	Text	Soll	Haben

Dat.	Text	Soll	Haben

Dat.	Text	Soll	Haben

Dat.	Text	Soll	Haben

Dat.	Text	Soll	Haben

Kommentar zu Ü 40:

Die Verbuchung von Warenverkauf, Retourwaren, Rabatt und Transportkosten beim Verkäufer müsste Ihnen schon in Fleisch und Blut übergegangen sein.
Beachten Sie bitte die Gutschrift:

- Retourwaren werden auf dem Erlöskonto gebucht (= Rückgängigmachung des Verkaufs),
- Rabatte stellen dagegen Erlösminderungen dar.

Auch der Skonto ist eine Erlösminderung.
Der Verkäufer bucht daher bei erhaltener Überweisung in zwei Schritten:

2800 Bank (um Skonto verringert) / 20005 Kleiderhaus Chic € 8.108,42
3500 USt € 41,80 / 20005 Kleiderhaus Chic € 250,78
4440 Skontoaufwand € 208,98 /

Nach Lösungsvergleich

Informationen zu den nächsten Übungsaufgaben
Informationsteil, Kapitel 9.5

Übung 41 - Verzugszinsen

Der Teppichimporteur Irani hat gegen den Teppichhändler Ibrahim eine Forderung in der Höhe von € 36.600,- (inkl. 20 % USt). Laut Geschäftsbedingungen ist Irani berechtigt, ab Fälligkeit 12 % Verzugszinsen pro Jahr zu berechnen.
Ibrahim ist bereits 2 Monate im Zahlungsrückstand.

Erstellen Sie die Lastschrift. Verbuchen Sie die Lastschrift sowohl bei Irani als auch bei Ibrahim. Nach Erhalt der Lastschrift zahlt Ibrahim den Gesamtbetrag durch Banküberweisung.

Aufgabe 1:

Käufer (Schuldner, Ibrahim) bucht: (Lieferantenkonto Irani 33022)

Kontonummer, Kontobezeichnung	Soll	Haben

Aufgabe 2:

Verkäufer (Gläubiger, Irani) bucht: (Kundenkonto Ibrahim 20023)

Kontonummer, Kontobezeichnung	Soll	Haben

Kommentar zu Ü 41

Die Zinsen werden vom Bruttobetrag gerechnet. Sie gelten als "Schadenersatz" und unterliegen daher selbst nicht der Umsatzsteuer.

Nach Lösungsvergleich

Neue Informationen
Informationsteil, Kapitel 10

Übungen zu 10 - Buchungen im Zusammenhang mit dem Bankkonto

Übung 42

Diese Aufgabe bezieht verschiedene Bewegungen auf dem Bankkonto ein.

Versuchen Sie diesen Kontoauszug als zusammengesetzten Buchungssatz (d.h. Buchung auf dem Bankkonto in Summe) unter Berücksichtigung der folgenden Tatbestände darzustellen:

(1) Bei der Gutschrift handelt es sich um Zinsen für Wertpapiere des Umlaufvermögens.

(2) Scheck 089 wurde für Wareneinkäufe (inkl. 20 % USt) ausgestellt. Der Wareneinkauf wurde bereits verbucht (exakte Scheckverbuchung).

(3) Mit der Bankomat-Karte wurde Geld für die Geschäftskasse abgehoben und am 10.5. exakt am Kassakonto verbucht.

VOLKSBANK SÜD KONTOAUSZUG

		Datum	Auszug/Blatt	Währung	Konto-Nr.
Firma	Firma Franz Steiner OHG	16.05.2002	045/01	€	1136-27707/00

Buchungstag	Buchungstext	Wert	Betrag
10.05.	GUTSCHRIFT	11.05.	50,00
11.05.	SCHECK 089	10.05	894,00 -
11.05.	BANKOMAT-KARTE 2 FIL 194 UM 09.45 AM	10.05.	750,00 -

ALT: 3.742,10- KONTOSTAND Neu: Zu Ihren Lasten 5.336,10 -

Dat.	Kontonummer, Kontobezeichnung	Soll	Haben

Kommentar zu Ü 42

ad (1) Hier handelt es sich um Zinserträge (Klasse 8) und um eine Gutschrift am Bankkonto.

ad (2) Da der Wareneinkauf bereits verbucht wurde, bedeutet dies, dass das Konto Gegebene Schecks auszugleichen ist.

ad (3) Auch hier wurde bereits die Barabhebung am Kassakonto verbucht. Gegenkonto des Kassakontos war am 10.5. das Konto "Verrechnung Kassa - Bank".

Nach Lösungsvergleich ⟶ weiter mit Übung 43

Übung 43

Geben Sie bitte den Buchungssatz für die Verbuchung folgender Abschlussrechnung an.

Es handelt sich um das Geschäftsbankkonto der Einzelunternehmung Franz Steinberger.

SPARKASSE WIENER NEUSTADT KONTOAUSZUG

		Datum	Auszug/Blatt	Währung	Konto-Nr.
Firma	Mag. F. Steinberger	01.4.2002	027/01	€	0136-34034/00

Buchungstag	Buchungstext	Wert	Betrag	
01.04.	Sollzinsen	31.03.	14,72	-
01.04.	Habenzinsen	31.03.	35,20	
01.04.	KEST	31.03.	8,80	-
01.04.	Kontoführungsprovision	31.03.	21,80	-

ALT: 4.768,05 KONTOSTAND Neu: Zu Ihren Gunsten 4.757,93

Kontonummer, Kontobezeichnung	Soll	Haben

Kommentar zu Ü 43

- Sollzinsen stellen Zinsaufwand dar. Sie sehen am Kontoauszug ein Minus hinter dem Betrag. Das bedeutet, dass die Bank diesen Betrag von unserem Guthaben abzieht bzw. unsere Schulden um diesen Betrag größer werden (vgl. Kontoauszug).
- Die Kontoführungsprovision ist ebenfalls Aufwand. Wir buchen sie über das Konto "7790 Spesen des Geldverkehrs". Die Kapitalertragsteuer wird bei Endbesteuerung im Soll des Zinsertragskontos (als Korrektur des ausgewiesenen Zinsertrages) verbucht.

Nach Lösungsvergleich

Neue Informationen
Informationsteil, Kapitel 11

Übung zu 11. - Die Verbuchung von Bankkrediten

Übung 44 - Kontokorrentkredit

(1) Die Sparkasse Eisenstadt sagt uns einen Kontokorrentkredit mit einem Kreditrahmen von € 50.000,- zu.

(2) Wir überweisen von diesem Kontokorrentkreditkonto € 8.400,- (inkl. 20 % USt) für eine fällige und verbuchte Eingangsrechnung (BA 1 - 33002).

(3) Laut Bankauszug hat der Kunde Maier, 20001, eine Anzahlung von € 1.800,- für seine Bestellung vom 8.3. auf unser KKK-Konto überwiesen (BA 2).

(4) Wir kaufen Waren um € 7.000,- + 20 % USt im Abholgroßmarkt und zahlen mit Bankomatkarte (ER 85).

(5) 2 Tage später erscheint am Bankauszug die Abbuchung dieser Zahlung (BA 3).

(6) Der Kontoauszug (BA 4) mit der Quartalsabrechnung der Sparkasse Eisenstadt trifft ein.

Unser Konto wurde belastet mit:

Zinsen	€	1.125,-
Kreditprovision	€	60,-
Spesen	€	40,-
	€	1.225,-

(7) Ermitteln Sie bitte den Saldo des KKK-Kontos am Quartalsende:

Aufgabe:

Stellen Sie bitte das Kontokorrentkredit-Konto dar. Anstelle eines Datums geben Sie bitte die laufende Nummer des Geschäftsfalles an. In der Textspalte ist der Beleg und die Nummer des Gegenkontos anzuführen.

Beantworten Sie bitte die im Anschluss an die Kontendarstellung gestellte Frage.

Nummer	Text	Soll	Haben

Mit welchem Betrag können Sie auf Grund obigen Kontostandes das Kontokorrentkreditkonto noch belasten, ohne den Kreditrahmen zu überziehen?

€ ____________________

Kommentar zu Ü 44

Alle Buchungen, die das Kontokorrentkreditkonto betreffen, sind Ihnen bekannt. Einzige Neuheit: zu buchen ist auf das Konto 3210.

In den Fällen (1) und (4) erfolgt keine Buchung auf dem Konto 3210.

Begründung:

ad (1): Die Höhe des Kreditrahmens wird lediglich am Konto vermerkt. Nur der tatsächlich ausgenützte Betrag des Kreditrahmens wird verzinst.

ad (4): Die Zahlung mit der Bankotmatkarte bewirkt noch keine Buchung auf dem Bankkonto.

Nach Lösungsvergleich ——→ weiter mit Übung 45

Übung 45

Geben Sie im vorgegebenen Raster die Buchungssätze für den nachfolgenden Kontoauszug der Firma Michaela Konsel, Büromaschinenhandel und -service, mit seinen dazugehörenden Unterlagen an.

Beachten Sie bitte:

- Die Rechnungsbeträge enthalten, wenn aus dem Beleg nicht anderes hervorgeht, 20 % USt.
- Die Schecks sind exakt zu verbuchen.
- Auf dem Bankkonto ist nur eine Soll- und eine Habenbuchung (Summe) auszuweisen.
- Bilden Sie zu Kontrollzwecken Soll- und Habensumme und kontrollieren Sie die Soll-Haben-Gleichheit.
- Konsel verbucht den von ihr ausgenützten Skonto nach Variante C.

Führen Sie bei jedem Buchungssatz (-teil) die entsprechende Nummer an. Wir haben zu diesem Zweck neben jede Zeile des Kontoauszugs eine fortlaufende Nummer vermerkt. Die dazugehörenden Belege bzw. Anmerkungen haben ebenfalls diese Nummer. Die Buchung der Soll- und Habensumme am Bankkonto erhält die Nummer 1.

Die Firma Konsel führt unter anderem folgende Personenkonten (Ausschnitt):

Kunden	Lieferanten
20024 Stadtgemeinde Tulln	33003 Compaq
20045 Erika Schwarz KG	33031 Triumpf Adler
20099 Diverse Kunden	33099 Diverse Lieferanten

ERSTE BANK Klosterneuburg BLZ 20111 — **KONTOAUSZUG**

	Datum	Auszug/Blatt	Konto-Nr.
Michaela Konsel, Büromaschinen, 3400 Klosterneuburg	*9.6.20..*	*6/1*	*0772976241*

Buchungstext	Buchungstag	Wert	Betrag in EUR	
Scheck	8.06.	7.06.	218,00 –	②
Kreditrate Zinsen € 412,60 Kreditrückzahlung € 287,40	8.06.	7.06.	700,00 –	③
Gutschrift lt. Beilage	8.06.	9.06.	806,34	④
Gutschrift lt. Beilage	8.06.	9.06.	1.695,56	⑤
Überweisung	9.06.	8.06.	4.001,25 –	⑥
Scheck, Eingang vorbehalten	9.06.	9.06.	750,00	⑦

Gutschriften 3.251,90 }
Lastschriften 4.919,25 } ①

Kontostand alt:	5.371,17
Kontostand neu: zu Ihren Gunsten	**3.703,82**

Belege: 3

Anmerkungen:

(1) Auf dem Bankkonto sind die Gutschriften und die Lastschriften jeweils in einem Betrag anzuführen.

(2) Der Scheck wurde der Firma Czezelits zum Ausgleich der Rechnung für das Firmen-PKW-Service übergeben. Die Rechnung wurde bereits verbucht.

(3) Bei dem Kredit handelt es sich um ein Starthilfedarlehen für das Unternehmen

(4)

26202 08. 06. 20.. **GUTSCHRIFT**
über ERSTE Bank Klosterneuburg

Konto-Nr.: *BLZ*
0772976241 Michaela Konsel 26202
Verw-Zw: 3400 Klosterneuburg

EINREICHUNG VOM 26. 05. 20.. BETRAG IN € 847,--

AUSZAHLUNGSBETRAG BRUTTO EURO 847,--

ABZUEGLICH € 33,88 PROVISION 6,78 MWSt.
40,66
SUMME DER ABZÜGE:
VISA-ABRECHNUNG PER 06. 06. 20.. 260 000 001€ 806,34

Konto-
10-5623.1 **VISA-AUSTRIA** VISA

00005698215146+ 00026589> 000008956254 < 54+

(5)

ERSTE ÜBERWEISUNG - EURO

EUR Betrag 16956

Kontonummer EmpfängerIn: 0772976241
BLZ Empfängerbank: 26202
Empfängerbank: ERSTE Klosterneuburg
EmpfängerIn: BÜROMASCHINEN M. KONSEL, 3400 Klosterneuburg
Verwendungszweck: Re.-Nr. 2103/20..
1.748,--
Unterschrift AuftraggeberIn - bei Verwendung als Überweisungsauftrag
Kontonummer AuftraggeberIn: 1.958.750
BLZ-Auftragg./Bankverm.: 60000
- 3 % Skonto 52,44
AuftraggeberIn/EinzahlerIn - Name und Anschrift
STADTGEMEINDE TULLN 1.695,56
HAUPTPLATZ 2
3430 TULLN

005

41+

(6)

P.S.K. AUFTRAGSBESTÄTIGUNG - EURO

EUR Betrag 400125

Kontonummer EmpfängerIn: 000400566698
BLZ Empfängerbank: 60000
Empfängerbank: PSK
EmpfängerIn: TRIUMPF ADLER
Verwendungszweck: Rechnung Nr. 1904/20..
4.125,--
Unterschrift AuftraggeberIn - bei Verwendung als Überweisungsauftrag
Kontonummer AuftraggeberIn: 0772976241
BLZ-Auftragg./Bankverm.: 26202
- 3 % Skonto 123,75
AuftraggeberIn/EinzahlerIn - Name und Anschrift
MICHAELA KONSEL 4.001,25
WEIDLINGER STR. 27
3400 KLOSTERNEUBURG

005

64+

(7) Den Scheck haben wir als Anzahlung von unserer Kundin Schwarz erhalten und entsprechend verbucht.

Lfd. Nr.	Kontonummer, Kontobezeichnung	Soll	Haben

Kommentar zu Ü 45

Bei diesem Beispiel dürften Sie eigentlich keine Probleme bei der Verbuchung haben. Wir wollen Ihnen daher nur Hilfestellungen bei der Analyse der Belege geben.

ad (3) Aus dem Kontoauszug ersehen Sie, dass sich die Belastung mit € 700,- für das Darlehen aus zwei Teilbeträgen zusammensetzt: die Zinsen sind Aufwand, die Kreditrückzahlung vermindert die Darlehenhöhe.

ad (4) Frau Konsel hat Verkäufe mittels Kreditkarte in Höhe von € 847,- getätigt und diese Verkäufe bereits verbucht. Als Gegenkonto für diese Erlöse diente das Konto „2785 Forderungen gegenüber Kreditkartenorganisationen". Dieser Belegausschnitt zeigt die dazugehörige Abrechnung der Kreditkartenorganisation ⟶ vgl. Kapitel 9.2.4.

ad (5) Die Stadtgemeinde Tulln hat eine bereits verbuchte Rechnung abzüglich Skonto überwiesen.

ad (6) Diese Überweisung hat von Frau Konsel zum Ausgleich der Rechnung Nr. 1904/20.. an die Firma Triumpf Adler getätigt und dabei 3 % Skonto abgezogen!

Nach Lösungsvergleich ⟶ weiter mit Übung 46

Übung 46

Am 2.4. 2002 nehmen wir ein Hypothekardarlehen in Höhe von € 100.000,-, Laufzeit 10 Jahre, auf.

Der Auszahlungsbetrag (= Gutschrift auf unserem Bankkonto) ergibt sich auf Grund folgender Kreditkosten:

Darlehen	€	100.000,-
- 0,8 % Kreditprovision	€	800,-
- 1,5% Zuteilungsprovision	€	1.500,-
Auszahlungsbetrag	€	97.700,-

Aufgaben:

- Geben Sie im untenstehenden Raster den Buchungssatz bei Darlehensaufnahme (Gutschrift auf dem Bankkonto) an. Die Geldbeschaffungskosten sollen handelsrechtlich richtig verbucht werden.

- Geben Sie unterhalb des Rasters jenen Betrag an Geldbeschaffungskosten an, den Sie im Jahr 2002 steuerlich geltend machen dürfen.
- Geben Sie darunter jenen Betrag an Geldbeschaffungskosten an, den Sie im Jahr 2003 steuerlich geltend machen dürfen.

Dat.	Kontonummer, Kontobezeichnung	Soll	Haben

Steuerlich absetzbare Geldbeschaffungskosten für 2002:___________________

Steuerlich absetzbare Geldbeschaffungskosten für 2003:___________________

Kommentar zu Ü 46

Handelsrechtlich müssen Sie im Jahr der Darlehensaufnahme die vollen Geldbeschaffungskosten als Aufwand verbuchen.
Da die Geldbeschaffungskosten jedoch in Summe höher als € 900,- sind, müssen sie steuerrechtlich über die Laufzeit des Darlehens aufgeteilt werden.
Bei € 2.300,- sind dies € 230,- pro Jahr. Im Jahr 2002 können € 172,50 (für 9 Monate) steuerlich angesetzt werden, im Jahr 2003 hingegen € 230,-. D.h. im Jahr 2002 ist der steuerrechtliche Gewinn um € 2.127,50 zu erhöhen (€ 2.300,- abzüglich € 172,50).

Nach Lösungsvergleich

Informationen zum Wechsel
Informationsteil, Kapitel 12

Übungen zu 12. Die Verbuchung von Wechseln

Übung 47

Berger & Co schulden der Firma Müller, 33001, € 20.000,- (inkl. 20 % USt) aus einem Warengeschäft per 1.9.
Berger ersucht Müller am 20.8. die Schuld bis zum 1. Dezember zu prolongieren. Müller stimmt zu, verlangt jedoch die Umwandlung der Schuld in einen Wechsel und berechnet Zinsen für die Verlängerung des Zahlungsziels. Müller übersendet daher am 25.8. an Berger einen Wechsel über

	Rechnungsbetrag	€	20.000,-
+	Zinsen	€	450,-
	Wechselsumme	€	20.450,-

den Berger am 26.8. akzeptiert.

Aufgabe 1:

Geben Sie bitte den Buchungssatz für die Umwandlung der offenen Schuld in einen Schuldwechsel **aus der Sicht der Firma Berger** (Schuldner) an:

Kontonummer, Kontobezeichnung	Soll	Haben

Aufgabe 2:

Verbuchen Sie die Verlängerung und Umwandlung der Forderung in einen Besitzwechsel **aus der Sicht des Gläubigers, der Firma Müller**, in den unten vorgegebenen Konten. Die Konten sind unserem Kontenplan entsprechend zu nummerieren und zu benennen. Geben Sie bitte als Text die Nummer des Gegenkontos an. Der Kunde Berger & Co hat die Kundenkontonummer 20006.

20006 Berger & Co

Text	Soll	Haben
AB	20.000	

Text	Soll	Haben

Text	Soll	Haben

Text	Soll	Haben

Kommentar zu Ü 47

ad Aufgabe 1: Die Verbindlichkeit wird in einen Schuldwechsel umgewandelt. Die Zinsen sind für den Schuldner Aufwand.

ad Aufgabe 2: Die Forderung wird in einen Besitzwechsel umgewandelt. Die Zinsen sind für den Gläubiger Ertrag.

Nach Lösungsvergleich

Neue Informationen
Informationsteil, Kapitel 12.3

Übung 48

Wir legen am Fälligkeitstag einen in unserem Besitz befindlichen Wechsel über € 3.712,- dem Bezogenen zur Zahlung vor. Der Bezogene zahlt sofort bar.

Aufgaben:

Geben Sie bitte den Buchungssatz für die Verbuchung dieses Tatbestandes aus der Sicht des Begünstigten und aus der Sicht des Bezogenen an.

Der Begünstigte bucht:

Der Bezogene bucht:

Kommentar zu Ü 48

Sie wissen: Wechsel sind für den Begünstigten Besitzwechsel, für den Bezogenen Schuldwechsel.

Nach Lösungsvergleich ⟶ weiter mit Übung 49

Übung 49

Wir reichen den in unserem Besitz befindlichen Wechsel am 10.8. zum Diskont ein und erhalten folgende Abrechnung:

Diskont am 10.8.19..

Wechsel per 30.9.19..	€	20.000,-
- 6 % Diskontzinsen für 54 Tg	€	180,-
- 0,5 % Inkassoprovision	€	100,-
Gutschrift per 11.8.19..	€	19.720,-

Aufgaben:

(1) Erstellen Sie bitte den Buchungssatz für diese Diskontierung. Der Diskonterlös wird unserem Bankkonto gutgeschrieben.

(2) Nehmen Sie an, wir erteilen erst bei Fälligkeit unserer Bank den Auftrag zum Inkasso dieses Wechsels. Die Bank schreibt daher am 2.10. € 19.900,- unserem Bankkonto gut. Erstellen Sie im Raster den entsprechenden Buchungssatz.

Zusatzaufgabe: geben Sie unterhalb des Rasters jene Buchung an, die der Bezogene bei Einlösung durchzuführen hat. Gehen Sie davon aus, dass der Bezogene seine Bank als Zahlstelle angegeben hat, d.h. dass das Bankkonto des Bezogenen belastet wird.

Dat.	Kontonummer, Kontobezeichnung	Soll	Haben

Kommentar zu Ü 49

(1) - Der Besitzwechsel wird an die Bank weitergegeben, daher Konto 2050 Haben.
- Die Bank schreibt den Diskonterlös gut, daher Konto 2800 Soll.
- Die Diskontzinsen (Konto 8310) und die Inkassoprovision (Konto 7790) sind getrennt als Aufwand (Verringerung des Diskonterlöses) zu buchen.

(2) Diese Buchung sollte keine Probleme machen.

Nach Lösungsvergleich

Neue Informationen
Informationsteil, Kapitel 13

Übungen zu 13 - Geschäftsfälle in Fremdwährungen

Übung 50 - Export

Verbuchen Sie bitte folgenden Export zu **Tageskursen** auf den untenstehenden Konten.

9.7.: Verkauf von Aggregaten nach Norwegen an S.Berg, Bergen (21004) um NOK 600.000,-, zahlbar in zwei gleich hohen Raten am 9.9. und 9.11..
Kurse: Valutenkurse 7,524 / 7,224
Devisenkurse 7,436 / 7,364

9.9.: Wir erhalten die Abrechnung der Bank über die Gutschrift der ersten Rate (NOK 300.000,-), umgerechnet zum Kurs von 7,446.
An Spesen belastet die Bank unser Konto mit € 95,09.

10.11.: Die 2. Rate wurde auf unser Bankkonto überwiesen. Gutgeschrieben wurden € 40.368,48
An Spesen wurden wir mit € 95,48 belastet.

2800 Bank

Dat.	Text	Soll	Haben

Dat.	Text	Soll	Haben

Dat.	Text	Soll	Haben

Dat.	Text	Soll	Haben

Dat.	Text	Soll	Haben

Dat.	Text	Soll	Haben

Kommentar zu Ü 50

ad 9.7.: Fremdwährungsforderungen sind zum Devisenankaufskurs umzurechnen.

ad 9.9.: Der Kurs ist gegenüber dem EUR gestiegen. Wir erhalten für diesen Teilbetrag daher weniger und erzielen dadurch einen Kursverlust.
Die Bankspesen weisen wir auf dem Konto 7790 aus.

ad 10.11.: Der Kurs ist gefallen. Der Betrag, den wir gutgeschrieben erhalten, ist höher als der Betrag, zu dem wir die Forderung eingebucht hatten. In diesem Fall ergibt sich ein Kursgewinn.

Nach Lösungsvergleich ⟶ weiter mit Übung 51

Übung 51 - Import

Die Firma Meinl importiert Kaffee aus Brasilien von der Compagnie de Brasil (33120).

17.4.: Die Faktura lautet auf USD 10.500,- frei Hamburger Hafen, 2 Monate Ziel.

23.4.: Für den Transport bis zum Lager in Wien werden € 245,- überwiesen.

Die Verzollung erfolgt in Wien. Es werden folgende Eingangsabgaben in Rechnung gestellt: Zoll € 1.182,-
EUSt € 2.577,-

15.5.: Die Eingangsabgaben werden überwiesen.

17.6.: Meinl überweist den offenen Fakturenbetrag. Die Bank rechnet die USD zu 0,9327 um. An Bankspesen werden € 126,36 in Rechnung gestellt.

Zusatzinformationen:

Kurse für USD am 17.4.:		Ankauf /Verkauf
	Valuten	0,9570 / 0,9210
	Devisen	0,9457 / 0,9357

Aufgaben:

Verbuchen Sie den Import, die Zahlung der Frachtkosten und Einfuhrabgaben sowie die Überweisung des Rechnungsbetrages einschließlich der Bankspesen auf dem Personenkonto bzw. auf den Hauptbuchkonten.

2800 Bank

Dat.	Text	Soll	Haben
	Div.	20.500	

Dat.	Text	Soll	Haben

Dat.	Text	Soll	Haben

Dat.	Text	Soll	Haben

Dat.	Text	Soll	Haben

Dat.	Text	Soll	Haben

Kommentar zu Ü 51

17.4.: Die Umrechnungen erfolgen zum Devisenverkaufskurs (Meinl muss Fremdwährungen kaufen).

23.4.: Die Frachtkosten sind auf dem Vorratskonto zu aktivieren.

15.5.: Die EUSt stellt eine Forderung an das Finanzamt dar. Der Zoll erhöht dagegen den Einstandswert der Ware.

17.6.: Da der Kurs leicht gesunken ist, bedeutet dies für Meinl, er muss einen höheren Betrag überweisen als Verbindlichkeit am Personenkonto ausgewiesen ist. Meinl bucht die Differenz nach der Praktikermethode als Kursverlust (er könnte den Kursverlust auch aktivieren, was eine Erhöhung des Einstandspreis bedeuten würde).
Die Bankspesen stellen "Spesen des Geldverkehrs" dar.

Nach Lösungsvergleich ⟶ weiter mit Übung 52

Übung 52 - innergemeinschaftlicher Erwerb – WWU-Land

- o Die Linzer Firma Rosenbauer (Erbauer von Feuerwehrautos) erhält am 31.5. die Rechnung über den Kauf diverser Ausrüstungsgegenstände für Feuerwehrautos von der niederländischen Firma Stell & Son (33111) frei Werk Linz im Wert von € 15.000,-, mit 30 Tagen Ziel.
- o Die Ausrüstungsgegenstände unterliegen dem Normalsteuersatz.
- o Am 30.6. überweist Rosenbauer den offenen Rechnungsbetrag.

  Die Bank belastet das Konto Rosenbauers zusätzlich mit € 45,- an Spesen.

Aufgaben:

Verbuchen Sie den innergemeinschaftlichen Erwerb.

Ermitteln und verbuchen Sie die Erwerbsteuer.

Stellen Sie die Überweisung einschließlich der Bankspesen auf dem Personenkonto bzw. auf den Hauptbuchkonten dar.

2800 Bank

Dat.	Text	Soll	Haben
	Div.	170.000	

Dat.	Text	Soll	Haben

Dat.	Text	Soll	Haben

Dat.	Text	Soll	Haben

Dat.	Text	Soll	Haben

Dat.	Text	Soll	Haben

Berechnung der Erwerbsteuer:

Kommentar zu Ü 52

Die Erwerbsteuer ist selbst zu berechnen. Bemessungsgrundlage ist der Fakturenbetrag. Die Erwerbsteuer kann von Unternehmen, die vorsteuerabzugsberechtigt sind, sofort als Forderung gegenüber dem Finanzamt geltend gemacht werden.

Nach Lösungsvergleich ⟶ weiter mit Übung 53

Übung 53 - innergemeinschaftlicher Erwerb – Nicht-WWU-Land

25.9.: Der Gastronom Roisky importiert aus Dänemark von Danish Club (33112) Pasteten im Wert von DKK 105.300,-, 60 Tage Ziel.

25.9.: Ermittlung und Verbuchung der Erwerbsteuer (10 % da Lebensmittel).

25.11. Roisky überweist den Rechnungsbetrag. Die Bank belastet das Konto zusätzlich mit Spesen in Höhe von € 42,16.

Zusatzinformationen:

Kurse für DKK	Valuten	Devisen
am 25. 9.:	7,529 / 7,285	7,471 / 7,416
am 25.11.:	7,569 / 7,325	7,492 / 7,436

Aufgaben:

Verbuchen Sie den innergemeinschaftlichen Erwerb.

Ermitteln und verbuchen Sie die Erwerbsteuer.

Stellen Sie die Überweisung einschließlich der Bankspesen auf dem Personenkonto bzw. auf den Hauptbuchkonten.

2800 Bank

Dat.	Text	Soll	Haben
	Div.	75.400	

Dat.	Text	Soll	Haben

Dat.	Text	Soll	Haben

Dat.	Text	Soll	Haben

Dat.	Text	Soll	Haben

Dat.	Text	Soll	Haben

Dat.	Text	Soll	Haben

Dat.	Text	Soll	Haben

Berechnung der Erwerbsteuer:

Kommentar zu Ü 53

Die Erwerbsteuer ist selbst zu berechnen. Bemessungsgrundlage ist der Fakturenbetrag. Diesmal muss die Umrechnung des Fakturenbetrages mit dem Verkaufskurs erfolgen.Die Erwerbsteuer kann von Unternehmen, die vorsteuerabzugsberechtigt sind, sofort als Forderung gegenüber dem Finanzamt geltend gemacht werden.

Nach Lösungsvergleich ⟶ weiter mit Übung 54

Übung 54 - innergemeinschaftliche Lieferung – Nicht-WWU-Land

Die Firma Swarovski liefert am 1.7. diverse Kristallfiguren an S.Thomson, Stockholm (21038) im Wert von SEK 28.700,- mit 30 Tagen Ziel. Swarovski verwendet für die Umrechnung die Kurse aus unserem Informationsteil, Seite 155.

Am 30.8. zeigt der Kontoauszug die Gutschrift von € 3.146,86 (Überweisung von S. Thomson, umgerechnet zum Kurs von 9,1202). Gleichzeitig wird das Bankkonto mit € 25,- belastet.

Dat.	Text	Soll	Haben

Dat.	Text	Soll	Haben

Dat.	Text	Soll	Haben

Dat.	Text	Soll	Haben

Dat.	Text	Soll	Haben

Dat.	Text	Soll	Haben

Nebenrechnungen:

Nach Lösungsvergleich

Informationen für die nächsten Aufgaben
Informationsteil, Kapitel 14

Übungen zu 14. Die Verbuchung von Löhnen und Gehältern

Übung 55

Geben Sie für die nachfolgende Lohnabrechnung die **Buchungssätze** für den Auszahlungsbetrag und die lohnabhängigen Abgaben an.

Bruttolöhne (Überweisung)	€	10.000,00
Arbeitnehmeranteil zur Sozialversicherung	€	1.820,00
Arbeitgeberanteil zur Sozialversicherung	€	2.420,00
Lohnsteuer	€	1.165,46
Betriebliche Mitarbeitervorsorge	€	113,37
Familienbeihilfenausgleichsfondsbeitrag	€	450,00
DZ zum DB	€	53,00
Kommunalsteuer	€	300,00

Kontonummer, Kontobezeichnung	Soll	Haben

Kommentar zu Ü 55

Ermittlung des Auszahlungsbetrages:

	Bruttolöhne	€	10.000,00
-	LSt	€	1.165,46
-	ANA-SV	€	1.820,00
		€	7.014,54

Nach Lösungsvergleich ⟶ weiter mit Übung 56

Übung 56

Stellen Sie die Gehaltsabrechnung auf Grund der folgenden Belege als Buchungssätze im untenstehenden Raster dar. Die Gehälter werden zunächst als Verbindlichkeit gegen Angestellte ausgewiesen. Geben Sie ferner den Buchungssatz für die Überweisung der Verbindlichkeit gegenüber dem Finanzamt an.

Lohn-/Gehaltsliste vom 1.5.. bis ..31.5... 200

Dat. Abr.-Per.	Stunden N	Stunden 50	Stunden 100	Art d. Bezuges	Normalbezug	Überstunden ÜG	ÜZ 100% / ÜZ 50%	ÜZ Istpfl.		Gesamtbezug	SV-Beitragsgr. allgem.	SV-Beitragsgr. Sonderzhlg.	Abzug SV	Bem.gr.LSt % Tabelle	LSt % Tabelle		Auszuz. Betrag	Name
Summen:					8.880,-					8.880,-			1.567,32		1.746,-		5.566,68	

GEHALTSNEBENKOSTEN MAI 20..

	BMGL	SATZ	BETRAG
D1	8.880,00	37,0 %	32.85,60
KU	8.880,00	0,5 %	44,40
WF	8.880,00	1,0 %	88,80
IE	8.880,00	0,7 %	62,16
GESAMT			3.480,96
DNA-SV			1.567,32
DGA-SV			1.913,64
BMV	8.880,00	1,53 %	135,86
DB	8.880,00	4,5 %	399,60
DZ	8.880,00	0,53 %	47,06
KommSt	8.880,00	3,0 %	266,40

Kontonummer, Kontobezeichnung	Soll	Haben

Nach Lösungsvergleich

Informationen für die nächsten Aufgaben
Informationsteil, Kapitel 15

Übungen zu 15. - Reisekostenvergütung

Übung 57

Der Direktor der Firma Slama, Herr Kurt Bauer, macht vom 25. - 26.2.20.. eine Dienstreise nach Salzburg.

Reisebeginn:	7.00	Uhr
Reiseende:	22.00	Uhr

Fahrtkosten:

Bahnfahrt 1. Klasse Wien - Salzburg - Wien	€	104,50	inkl. 10 % USt
2 Taxirechnungen in Wien (vgl. Belege)	€	23,00	inkl. 10 % USt

Die Verpflegung wird nach den Pauschalsätzen vergütet.
Die Nächtigung wird auf Grund der tatsächlichen Auslagen (siehe Beleg) vergütet. Ferner werden die Telefonspesen ersetzt.
Herr Direktor Bauer erhält seine Reisekosten am 28.2. bar ausbezahlt.

Aufgaben:

- Ermitteln Sie in übersichtlicher Form den Gesamtbetrag der Reisekostenvergütung sowie der möglichen abziehbaren Vorsteuer.
- Geben Sie anschließend im vorgegebenen Raster den Buchungssatz für die Vergütung dieser Dienstreise an.

31300

AUTORUFSTELLEN SIEHE RÜCKSEITE

FAHRPREISQUITTUNG

VON		NACH
FAHRPREIS	€ 11,--	STEMPEL/UNTERSCHRIFT
ZUSCHLAG	€	FUNKTAXI 31300 1180 Wien, Edelhofgasse 27 ☎: 01/47676-0
ENDBETRAG	€ 11,-	
INKL. 10 % UST.		W 415 TX

DATUM 25. 2. 20..

- Moderne Kleinbusse
- Übernahme sämtlicher Fahrten im In- und Ausland
- Exklusive PKW und Kleinbusse

FUNKTAXI 31300 VERMITTLUNGS GESMBH & CO KG
1180 WIEN, EDELHOFGASSE 27 - ☎: **01/47676-0**

---

60 1 60 TAXI

Fahrpreisquittung

von

nach

Fahrpreis € Zuschlag

Endbetrag
inkl. 10 % MWSt. 12,-- Datum 26. 2. 20..

LISKA FRANZ
Wenckebachgasse 19, 1190 Wien
Tel.-Nr. 01/328 15 33

Stampiglie / Unterschrift / Wagen-Kennzeichen W 500 TX

Alles rund ums TAXI

Hotel**** Himmelreich.

5071 HIMMELREICH
SALZBURG
TEL.: 06222/40130
TELEX: 631076

Rechnung Zi. Nr. 357 - E Datum: 26. 2. 20..

	10 %	20 %
1 Nächtigung	€ 65,--	
Telefon		€ 4,26

★★★★
HOTEL HIMMELREICH
5071 HIMMELREICH
SALZBURG
Tel.: 06222/401
Kubitsch

zusammen USt. inklusive						4,26
	MWSt. in EUR		Nettobetrag in EUR			
10 %	X					65,--
20 %	X				Total in €	69,26

Bankverbindung: Raiffeisenkasse Siezenheim-Maxglan, Kont.-Nr.: 5400014500

Berechnung:

Kontonummer, Kontobezeichnung	Soll	Haben

Kommentar zu Ü 57

ad Berechnung:

Bei den einzelnen Belegen ist Ihnen das Herausrechnen der USt sicher nicht schwer gefallen (a.H.!). Sie werden sich vielleicht gewundert haben, dass die Telefonspesen 20 % USt enthalten. Hier handelt es sich jedoch nicht um Telefongebühren der Post, sondern um privat verrechnete Gebühreneinheiten.

ad Verbuchung:

Hier werden Sie sicher keine Schwierigkeiten gehabt haben.

Nach Lösungsvergleich ⟶ weiter mit Übung 58

Übung 58

Herr Hörl fährt mit seinem Privat-PKW im Auftrag seines Unternehmens zu Großkunden in die Steiermark und nach Kärnten.

Beginn der Dienstreise: 3.9., 8 Uhr
Ende der Dienstreise: 5.9., 17 Uhr 20

Lt. Fahrtenbuch hat Herr Hörl 847 km zurückgelegt. Ferner legt Herr Hörl der Reisekostenabrechnung eine Mautbeleg und einen Beleg für die Garage in Graz vor. In Summe € 22,80 inkl. 20 % USt.

Für die Nacht vom 3. auf den 4. September wird eine Hotelrechnung über € 63,- beigelegt, für die zweite Nacht kann Herr Hörl keinen Beleg vorweisen.

Herr Hörl erhält lt. Dienstvertrag ein Taggeld von € 33,- für volle 24 Stunden. Alle anderen Regelungen im Dienstvertrag entsprechen dem EStG.

Herr Hörl erhält den Auszahlungsbetrag auf sein Konto überwiesen.

Aufgaben:

- Ermitteln Sie in übersichtlicher Form den Gesamtbetrag der Reisekostenvergütung sowie der möglichen abziehbaren Vorsteuer.
- Geben Sie anschließend im vorgegebenen Raster den Buchungssatz für die Vergütung dieser Dienstreise an

Berechnung:

Kontonummer, Kontobezeichnung	Soll	Haben

Kommentar zu Ü 58

ad Maut- und Garagenbelege:
Diese Kosten sind durch das Km-Geld abgedeckt und daher nicht extra zu berücksichtigen.

ad Tagesgeld:
Beachten Sie: Herr Hörl erhält zwar ein höheres Tagesgeld, die Vorsteuer darf jedoch nur aus den EStG-Sätzen herausgerechnet werden. Die Differenz zwischen dem Auszahlungsbetrag und dem EStG-Satz ist für Herrn Hörl lohnsteuer- und sozialversicherungspflichtig.

Nach Lösungsvergleich ⟶ weiter mit Übung 59

Übung 59

Herr Direktor Berger von der Firma Ostbau geht mit dem Vertreter der russischen Handelskammer und dem Bürgermeister von Tiflis (Georgien) in Wien Essen. Die beiden Herren besichtigen in Wien Hotelbauten. Die Ostbau möchte den Bauauftrag für ein Hotel in Tiflis erhalten.

Aufgaben:

o Vermerken Sie auf dem Beleg die Daten, die erforderlich sind, damit dieses Essen steuerlich anerkannt wird.

- Stellen Sie den Buchungssatz für die Verbuchung dieser Rechnung dar.

KELLNER 4 TISCH 16/1

3 GEDECK	6,--
3 APERITIV	10,50
3 BIER	9,--
3 MEERESFRÜCHTE	45,20
3 TAFELSPITZSUPPE	15,90
3 KALBSRÜCKENFILET	52,80
3 SALAT	12,60
1 FL. WEIN 9604	22,--
3 MINERAL RÖMER	6,60
2 DESSERTWAGEN	11,60
1 DESSERTWAGEN	5,50
3 KAFFEE GROSZ	7,80
2 HENNESSY	48,--
1 POMMERY	12,50
ZWISCHENSUMME	266,--
ZU BEZAHLEN	266,--

K.&K. Restaurant Piaristenkeller

PIARISTENKELLER RESTAURATIONSBETRIEBS GES.M.B.H.
A-1080 WIEN PIARISTENGASSE 45
TEL.: +43 / 1-406 01 93 FAX.: +43 / 1-406 41 73

Firma
Ostbau
z. H. Herrn Dir. Leopold Berger
Ungargasse 57
A-1030 Wien

Gesamtbetrag in €: 266.--

PIARISTENKELLER RESTAURATIONSBETRIEBS GES.M.B.H.
A-1080 WIEN PIARISTENGASSE 45
TEL.: +43 / 1-406 01 93 FAX.: +43 / 1-406 41 73

Anlass der Bewirtung:

HERZLICHEN DANK FÜR IHREN BESUCH

Bewirtete Personen:

MWST %	NETTO	MWST	SUMME
10,00 %	136,--	13,60	149,60
20,00 %	97,--	19,40	116,40

3 PERSONEN NUMMER 3

Kontonummer, Kontobezeichnung	Soll	Haben

Kommentar zu Ü 59

Nur der halbe Nettobetrag ist als Bewirtungsaufwand steuerlich anerkannt. Daher kann auch nur die halbe Umsatzsteuer bzw. Vorsteuer geltend gemacht werden. 50 % des Gesamtbetrages ist steuerlich nicht abzugsfähig und wird daher auf einem eigenen Aufwandkonto verbucht.

Nach Lösungsvergleich ⟶ weiter mit Übung 60

Übung 60

Herr Dr. Klein fährt im Auftrag seines Verlages zu Besprechungen mit Autoren nach Westösterreich mit dem Firmen-PKW.

Beginn der Reise:	Dienstag, 9.5., 9 Uhr
Ende der Reise:	Donnerstag, 11.5., 16 Uhr 20.

An Belegen legt Herr Dr. Klein vor:

- o Hotelrechnungen für Nächtigung und Frühstück, in Summe € 136,40 inkl. 10% USt.
- o 2 Restaurantbelege in Summe um € 215,20.
  Dieser Betrag setzt sich wie folgt zusammen:
  € 128,- + 10% USt und
  € 62,- + 20% USt

  Die beiden Restaurantbesuche erfolgten am 10.5. abends und am 11.5. mittags. In beiden Fällen waren sie mit Besprechungen mit Autoren verbunden.

  Die Hotelrechnung und die beiden Restaurantrechnungen hat Herr Dr. Klein mittels Firmenkreditkarte beglichen.
- o Ferner legt Herr Dr. Klein für den Firmen-PKW Tankbelege in Höhe von € 69,45 inkl. 20% USt vor, die er bar bezahlt hat.

Die Abrechnung der Dienstreise erfolgt am 21.5.
Herr Dr. Klein erhält lt. Dienstvertrag ein Tagesgeldpauschale in Höhe von € 36,-. Für Essen-einladungen im Rahmen einer Dienstreise erfolgt lt. Dienstvertrag kein Abzug. Die Aliquotierung des Tagesgeld entspricht den Regelungen des EStG.

Aufgaben:

(1) Erstellen Sie in übersichtlicher Form die Reiseabrechnung. Ermitteln Sie jenen Betrag, den Herr Dr. Klein bar ausbezahlt bekommt.

(2) Stellen Sie die Verbuchung dieser Reiseabrechnung sowie der Hotel- und Restaurantbelege in Form von Buchungssätzen im vorgegebenen Raster dar.

(3) Das Kreditkartenunternehmen belastet am 28.5. das Geschäftsbankkonto des Verlages mit diesen Rechnungsbelegen.

Berechnung:

Dat.	Kontonummer, Kontobezeichnung	Soll	Haben

Kommentar zu Ü 60

ad Berechnung

Herr Dr. Klein erhält nur die Tankbelege und das Tagesgeldpauschale bar ausbezahlt. Hotel- und Restaurantrechnungen wurden ja direkt vom Verlag beglichen (Firmenkreditkarte).

Sie haben hoffentlich daran gedacht, dass bei Aufwendungen im Zusammenhang mit Firmen-PKWs kein Vorsteuerabzug möglich ist!

Relativ schwierig ist die Berechnung der abziehbaren Vorsteuer aus dem Tagesgeld.
- Sie müssen berücksichtigen, dass die Vorsteuer nur aus den EStG-Sätzen herausgerechnet werden darf und ferner
- dass Sie 2 x € 13,20 abziehen müssen, da lt. EStG pro Bewirtung im Rahmen einer Dienstreise der Tagessatz um € 13,20 zu kürzen ist.

Vergessen Sie nicht: die Differenz zwischen dem ausbezahlten Tagesgeld und den ermittelten EStG-Betrag ist lohnsteuer- und sozialversicherungspflichtig.

ad Buchungen:

(2) Die Verbuchung der Reiseabrechnung selbst dürfte Ihnen keine Schwierigkeiten mehr bereiten. Die Tankbelege sind auf dem Konto "PKW Betriebsaufwand" auszuweisen.
Die Hotelrechnung ist netto als "Aufwand für Nächtigung - Inland" zu verbuchen. Der Restaurantbeleg ist in den steuerlich anerkannten Teil (halber Nettobetrag und halbe USt als Vorsteuer) und in den steuerlich nicht anerkannten Teil (halber Bruttobetrag) zu splitten und entsprechend zu verbuchen. Den Gesamtbetrag der Restaurantrechnung ist der Verlag zunächst dem Kreditkartenunternehmen schuldig.

(3) Ausgleich der Schuld, Belastung am Bankkonto.

Nach Lösungsvergleich

Informationen für die nächsten Übungsaufgaben
Informationsteil, Kapitel 16

Übung zu 16. - Die Verbuchung von Steuern

Übung 61

Geben Sie bitte die Buchungssätze für die folgenden Geschäftsfälle im untenstehenden Raster an. Schreiben Sie in der ersten Spalte jeweils das betreffende Datum.

17.2. Für ein im Vorjahr angeschafftes unbebautes Betriebsgrundstück, AW € 110.000,-, erhalten wir die Grunderwerbsteuer in Höhe von 3,5% vorgeschrieben.
Am 3.3. wird dieser Betrag überwiesen.

15.5. Überweisung der Einkommensteuervorauszahlung in Höhe von € 2.475,-.
Dieser Betrag wird vom Geschäftsbankkonto abgebucht.

15.11. Überweisung der Grundsteuer für Betriebsgrundstücke in Höhe von € 275,-.

15.12. Überweisung der USt-Zahllast in Höhe von € 3.248,-.

Dat.	Kontonummer, Kontobezeichnung	Soll	Haben

Zusatzaufgabe:

Die Zahllast, die am 15.12. überwiesen wurde, betrifft den Monat ______________ .

Kommentar zu Ü 61:

Die Grunderwerbsteuer ist zu aktivieren.

Beachten Sie, die Einkommensteuer ist eine Privatsteuer.

Die Grundsteuer ist eine Aufwandsteuer, die auf dem betreffenden Aufwandkonto zu verbuchen ist.

Alle Beträge gehen vom Bankkonto weg.

Nach Lösungsvergleich

Informationen für die nächsten Aufgaben
Informationsteil, Kapitel 17

Übungen zu 17.4.3 - Die Bewertung im Rahmen des Jahresabschlusses

Übung 62

Am 14.3.2001 wurden 1.000 Aktien zum Nennwert von 1.000 zum Kurs von € 240 zu Beteiligungszwecken (Anlagevermögen) erworben.

Am 31.12.2001 ist der Kurs auf € 222 gefallen (allgemeiner Kursverfall, voraussichtlich von Dauer).
Am 31.12.2002 beträgt der Kurs dieser Aktien € 228.
Am 31.12.2003 ist der Kurs auf € 245 gestiegen.

Aufgabe:

Stellen Sie bitte die Buchungssätze, die sich durch die Bewertung der Aktien am 31.12.2001, 2002 und 2003 ergeben, dar:

Beachten Sie dabei:
2001 und 2002 soll ein möglichst niedriger Gewinn ausgewiesen werden.
2003 zeigt das vorläufige Jahresergebnis einen Verlust. Die Aktien sollen daher aufgewertet werden.

Kontonummer, Kontobezeichnung	Soll	Haben

Kommentar zu Ü 62

ad 31.12.2001: Der Kurs ist gesunken.
Der Kursfall ist **voraussichtlich von Dauer** und **muss** daher berücksichtigt werden.

ad 31.12.2002: Es könnte auf 228 aufgewertet werden. Dieser Kurs liegt noch unter dem Anschaffungswert. Da jedoch ein möglichst niedriger Gewinn ausgewiesen werden soll, ist davon Abstand zu nehmen. Keine Buchung.

ad 31.12.2003: Die Möglichkeit der Zuschreibung, jedoch maximal bis zur Höhe des Anschaffungskurses, ist im Gesetz vorgesehen. Eine Zuschreibung **kann, muss** jedoch **nicht** erfolgen.
Da ein möglichst geringer Verlust ausgewiesen werden soll, ist aufzuwerten. Es dürfen die Aktien jedoch nur zum Kurs von 240 (Anschaffungskurs), nicht jedoch zum Kurs von 245 (Kurs am Bilanzstichtag) ausgewiesen werden.

Die Verbuchung selbst dürfte keine Schwierigkeiten bereiten.

Nach Lösungsvergleich ——→ weiter mit Übung 63

Übung 63

Unser am 9.7.1970 angeschafftes Betriebsgrundstück hatte bei der Anschaffung einen Quadratmeterpreis von S 1.500,- (d.s. € 109,-).

a) Dieses Gebiet ist mittlerweile bestens aufgeschlossen worden, es wurde die bedeutendste Industriezone. Der Preis für diese Grundstücke ist daher auf € 220,- pro m^2 gestiegen.

b) Die Lage des Grundstücks ist für unseren Betrieb nicht mehr günstig, da der für uns notwendige Bahnanschluss durch die ÖBB stillgelegt wurde. Die meisten anderen Industriebetriebe sind daher bereits abgewandert. Das Grundstück ist jedoch auch nicht für den Wohnbau geeignet. Daher ist der Quadratmeterpreis auf € 70,- gesunken.

Aufgabe:

Geben Sie bitte den Quadratmeterpreis an, zu dem Sie das Grundstück im Fall a) und im Fall b) bilanzieren können.

Bilanzansatz im Fall a) € __________ pro m^2

Bilanzansatz im Fall b) € __________ pro m^2

Kommentar zu Ü 63

ad a) Der Anschaffungswert gilt für nicht abnutzbare Anlagegegenstände als Höchstwert. In diesem Fall ist der Bilanzansatz daher unverändert zu lassen, d.h. das Betriebsgrundstück ist weiter zu einem Quadratmeterpreis von € 109,- in die Bilanz aufzunehmen.

ad b) An dem Wertverlust des Betriebsgrundstücks wird sich kaum etwas ändern, der Wertverlust ist außerdem wesentlich.
Es muss daher abgewertet werden, d.h. das Betriebsgrundstück darf nur noch mit einem Quadratmeterpreis von € 70,- in die Bilanz aufgenommen werden.

Nach Lösungsvergleich

Informationen für die nächsten Aufgaben
Informationsteil, Kapitel 18

Übungen zu 18.2 - Verbuchung von Zugängen im Anlagevermögen

Übung 64 - Anlagenkauf

15.4.02: Wir bestellen bei der VOEST, Kto 33008, eine Spezialbohranlage. Der Kostenvoranschlag lautet auf € 400.000,- + 20 % USt ab Werk.

18.4.: Wir überweisen eine Anzahlung in Höhe von € 100.000,- + 20.000,- USt entsprechend der dafür erhaltenen Rechnung.

7.7.: Die Anlage wird geliefert.

Die Rechnung lautet auf	€	380.000,-
+ 20 % USt	€	76.000,-
	€	456.000,-

Der noch offene Rechnungsbetrag ist folgendermaßen zahlbar:

- € 150.000,- sofort bei Rechnungserhalt durch Überweisung
- € 150.000,- am 31.8. und € 36.000,- am 31.10. (keine Buchung)

10.7.: Für den Transport der Anlage zahlen wir lt. Speditionsrechnung durch Banküberweisung € 8.000,- + 20 % USt (= € 1.600,-).

30.7.: Die Abrechnung über die Aufstellungskosten lautet auf € 4.200,- + 20 % USt (= € 840,-). Wir überweisen sofort.

1.8.02: Die Maschine wird in Betrieb genommen.

Aufgabe:

Stellen Sie bitte alle Buchungen aus diesem Geschäftsfall (mit Ausnahme der beiden Ratenzahlungen) in den vorgegebenen Konten dar. Die Konten sind nach dem Kontenplan zu nummerieren und zu benennen. Bei jeder Buchung sind Datum und Kontonummern des (der) Gegenkontos (-konten) anzuführen. Die Anzahlung ist nach Variante 1 (mit Interimskonto) zu verbuchen.

2800 Bank

Dat.	Text	Soll	Haben
	AB	700.000	

Dat.	Text	Soll	Haben

2500 Vorsteuer

Dat.	Text	Soll	Haben

Dat.	Text	Soll	Haben

Dat.	Text	Soll	Haben

Dat.	Text	Soll	Haben

Kommentar zu Ü 64

ad 15.4.: Die Bestellung allein bewirkt noch keine Buchung.

ad 18.4.: Die Anzahlung wird in zwei Schritten verbucht. Zuerst wird der Gesamtbetrag als Forderung gegenüber dem Lieferanten verbucht, dann - da wir eine entsprechende Rechnung erhalten haben - erfolgt die Aufsplittung in Nettoanzahlung und Vorsteuer über eine Interimsbuchung.
Haben Sie bei der Anzahlung Probleme - Kapitel 9.3.2.1 !

ad 7.7.: Mit diesem Datum sind drei Buchungen erforderlich:

- Die Verbuchung der Gesamtrechnung.
- Die Rückgängigmachung der Interimsbuchung.
- Die Buchung der Teilzahlung.

ad 10.7.
ad 30.7.: } Alle Kosten, die notwendig sind, um die Maschine betriebsbereit zu machen, gehören am Anlagekonto mit ihren Nettobeträgen (ohne USt) aktiviert. Die Umsatzsteuer wird als Vorsteuerforderung an das Finanzamt ausgewiesen.

ad 1.8.: Die Inbetriebnahme selbst bewirkt keine Buchung. Das Datum der Inbetriebnahme ist maßgebend für die Abschreibung (vgl. Kapitel 18.3).

Nach Lösungsvergleich ——————► weiter mit Übung 65

Übung 65 - Selbsterstellung von Anlagen

Das Bauunternehmen "Quick-Bau-AG" erbaut eine Garage für die LKWs.

Am 15.11. wird mit dem Bau begonnen.

Bis zum 31.12. sind dafür an Aufwendungen angefallen und bereits auf den entsprechenden Aufwandkonten verbucht:

- Löhne € 100.000,-
- Gehälter € 10.000,-
- Rohstoffverbrauch € 115.000,-
- Hilfsstoffverbrauch € 15.000,-

Die Garage ist am 31.12. erst im Rohbau fertig.

Am 2.1. des Folgejahres wird der Bau fortgesetzt.
Am 15.4. wird die Garage in Betrieb genommen. In der Zeit vom 2.1. - 15.4. waren noch folgende Aufwendungen notwendig (sind bereits auf den entsprechenden Aufwandkonten verbucht):

- Löhne € 150.000,-
- Rohstoffverbrauch € 140.000,-
- Sonstiger Aufwand € 50.000,-

Aufgaben:

Stellen Sie bitte die Buchungen im Zusammenhang mit Bau und Inbetriebnahme der Garage dar. Die Aufwandkonten sind **nicht** darzustellen. Ebenso ist auf die Abschluss- und Eröffnungskonten zu verzichten. Es sind nur die Abschluss- und Eröffnungsbuchungen auf den dargestellten Konten vorzunehmen.

Buchungen im 1. Jahr (Baubeginn):

Dat.	Text	Soll	Haben

Dat.	Text	Soll	Haben

Buchungen im 2. Jahr (Baufortsetzung und Fertigstellung):

Dat.	Text	Soll	Haben

Dat.	Text	Soll	Haben

Dat.	Text	Soll	Haben

Dat.	Text	Soll	Haben

Kommentar zu Ü 65

ad 1. Jahr: Die Aufwendungen, die für das Anlagegut angefallen sind, sind zu neutralisieren. D.h. sie sind nicht erfolgswirksam. Daher wird den Aufwendungen eine Buchung auf dem Konto "4580 Aktivierte Eigenleistungen" entgegengestellt. Da die Garage noch nicht fertiggestellt ist, kann sie nur auf dem Konto "0710 Anlagen in Bau" ausgewiesen werden. Das Konto zeigt, dass hier Anlagevermögen zuwächst.

ad 2. Jahr: Nach Fertigstellung der Garage ist diese nun voll zu aktivieren. Zunächst sind die noch angefallenen Aufwendungen zu neutralisieren. Die fertiggestellte Anlage ist vom Konto 0710 auf das Anlagekonto (in diesem Fall 0210) zu übertragen. Der Gesamtwert der Garage beträgt € 580.000,-.

Nach Lösungsvergleich ⟶ weiter mit Übung 66

Übung 66

Wir kaufen am 30.4.20.. von der Maschinenfabrik Haid, Stockerau
- eine Kreissäge um € 280,- + 20 % USt und
- eine Schlagbohrmaschine um € 540,- + 20 % USt

und zahlen den Gesamtbetrag (= € 984,-) mittels Kreditkarte. Der Kontoauszug vom 2.6. zeigt die Abbuchung dieses Betrages durch die Kreditkartenorganisation.

Aufgabe:

Bitte prüfen Sie, ob auf die beiden Maschinen § 13 EStG anzuwenden ist und nehmen Sie die Verbuchung der Anschaffung sowie die Verbuchung der Belastung durch die Kreditkartenorganisation vor.

2800 Bank

Dat.	Text	Soll	Haben
	AB	15.000	

Dat.	Text	Soll	Haben

Dat.	Text	Soll	Haben

Dat.	Text	Soll	Haben

Dat.	Text	Soll	Haben

Dat.	Text	Soll	Haben

Kommentar zu Ü 66

Die Kreissäge kann sofort als Betriebsausgabe, d.h. als Aufwand verbucht werden (Anlagegüter bis zu € 400,- ohne USt).
Die Schlagbohrmaschine ist dagegen als Anlagegut zu aktivieren. Entweder auf dem Konto 0400 Maschinen oder auf dem Konto 0510 Werkzeuge.

Haben Sie bei der Zahlung mittels Kreditkarte Probleme - Kapitel 9.2.4

Nach Lösungsvergleich ——————▶ weiter mit Übung 67

Übung 67

21.4.: Die Austro-Leasing kauft von der VOEST (33017) einen Baukran um € 65.000,- + 20% USt auf Ziel.

23.4.: Übergabe eines Schecks an die Panalpina über € 1.560,- für den Transport dieses Baukranes zur Leasingfirma (inkl. 20% USt). Exakte Scheckverbuchung.

24.4.: Die Transportversicherung in Höhe von € 185,- wird überwiesen.

27.4.: Der Kontoauszug zeigt die Abbuchung des Schecks.

Die Leasingfirma vermietet den Kran erstmals ab Mai.

Auszug aus dem Mietvertrag:
- Monatsmiete € 1.500,- + 20% USt, fällig jeweils am 5.d.M. im voraus
- keine Kaufoption
- jederzeit von beiden Seiten kündbar, Kündigungsfrist ein Monat.

Aufgaben:

Stellen Sie alle erforderlichen Buchungen aus diesem Geschäftsfall in Form von Buchungssätzen dar, und zwar:

- o Alle im Zusammenhang mit der Anschaffung des Baukranes bei der Austro-Leasing.
- o Überweisung der ersten Leasingrate aus der Sicht des Mieters am 4.5.
- o Eingang der ersten Leasingrate am 6.5. auf dem Bankkonto der Austro-Leasing

Dat.	Kontonummer, Kontobezeichnung	Soll	Haben

Kommentar zu Ü 67:

- Da es sich hier um einen Mietvertrag handelt (vgl. Band I, 18.2.6.2), ist der Baukran bei der Austro-Leasing zu aktivieren.
- Die Miete stellt für den Mieter Mietaufwand, für die Austro-Leasing Umsatzerlös dar.

Nach Lösungsvergleich

Informationen für die nächsten Aufgaben
Informationsteil, Kapitel 18.3

Übungen zu 18.3 - Abschreibung der abnutzbaren Anlagegüter

Übung 68

Bitte verbuchen Sie die Abschreibung der Spezialbohranlage per 31.12.02 (vgl. Ü 64). Aus dem abgebildeten Maschinenkonto ersehen Sie die Abschreibungsbasis.

Nutzungsdauer 20 Jahre, Afa indirekt.

0400 Maschinen

Dat.	Text	Soll	Haben
7.7.	33008	380.000	
10.7.	2800	8.000	
30.7.	2800	4.200	

Dat.	Text	Soll	Haben

Dat.	Text	Soll	Haben

Kommentar zu Ü 68

Abschreibungsbasis ist der Anschaffungswert, das sind insgesamt € 392.200,- (= Summe der am Konto 0400 verbuchten Beträge). Da die Anlage erst in der zweiten Jahreshälfte in Betrieb genommen wurde, kann sie nur für 1/2 Jahr abgeschrieben werden:
2 1/2 % von 392.200,- = 9.805,-.

Die Abschreibung ist indirekt zu verbuchen, d.h. dem Maschinenkonto ist ein Konto "Kumulierte Abschreibungen" zur Seite zu stellen, das alle Abschreibungen aufnimmt. Am Maschinenkonto bleibt stets der Anschaffungswert ersichtlich.

Nach Lösungsvergleich ⟶ weiter mit Übung 69

Übung 69

Unsere Anlagenkartei für Kleinlastkraftwagen zeigt am 31.12.2002 (vor Durchführung der Abschreibung für 2002) folgendes Bild:

	Anschaffungswert (= Afa-Basis) in EURO	Anschaffungsdatum (= Datum der Inbetriebnahme)	Buchwert 1.1.2002
KLKW 1	27.000,-	25.07.1997	2.700,-
KLKW 2	32.000,-	03.01.2001	25.600,-
KLKW 3	34.000,-	02.11.2002	

Die Kleinlastkraftwagen werden auf der Basis einer fünfjährigen Nutzungsdauer direkt abgeschrieben. Der 2002 angeschaffte KLKW ist bereits am Anlagekonto aktiviert.

Aufgaben:

1. Stellen Sie bitte die Abschreibung in der vorgegebenen Tabelle übersichtlich dar.
2. Bilden Sie den dazugehörenden Buchungssatz.

zu 1)

KLKW	Anschaffungs-wert	Anschaffungs datum	Buchwert 1.1.2002	Afa	Buchwert 31.12.2002

zu 2)

Kontonummer, Kontobezeichnung	**Soll**	**Haben**

Kommentar zu Ü 69

ad KLKW 1: es können nur noch € 2.700,- (= Buchwert) abgeschrieben werden.
ad KLKW 2: hier ergibt sich kein besonderes Problem.
ad KLKW 3: da in der zweiten Hälfte in Betrieb genommen, ist die Abschreibung nur für 1/2 Jahr möglich.

Die Tabelle ist bei der Lösung ebenfalls angeführt.

Nach Lösungsvergleich ⟶ weiter mit Übung 70

Übung 70

Ein Gewerbebetrieb hat am 28.4.02 ein Betriebsgrundstück mit einem neu erbauten Fabriksgebäude um insgesamt € 4 Millionen erworben. Davon entfallen € 800.000,- auf das Grundstück.
Die Inbetriebnahme erfolgte am 5.5. Das Gebäude wird ausschließlich für gewerbliche Zwecke verwendet, Verbuchung der Afa indirekt.

Aufgabe:

Geben Sie bitte den Buchungssatz für die ordentliche Abschreibung in Tabellenform an. Es ist der Afa-Satz lt. EStG 1988 anzusetzen, das sind 4 % p. a.

Kontonummer, Kontobezeichnung	Soll	Haben

Kommentar zu Ü 70

Ordentliche Abschreibung ist nur vom Gebäude zu berechnen (Grundstück ist nicht abnutzbar): 4 % (Inbetriebnahme 1. Halbjahr) von 3,2 Millionen.

Hinweis:
Die Nutzungsdauer bzw. der Afa-Satz wird bei Prüfungen immer angegeben.

Nach Lösungsvergleich

Informationen für die nächsten Übungsaufgaben
Informationsteil, Kapitel 18.3.4

Übungen zu 18.3.4 Umbau und Erweiterung bestehender Anlagen und deren Abschreibung

Übung 71

Die Wiener Messen- und Ausstellungs-GesmbH läßt 2002 in eine Ausstellungshalle eine Rolltreppe einbauen.

Daten der Ausstellungshalle:

Anschaffungskosten € 630.000,- netto
Datum der Inbetriebnahme: 4.9.1972
Nutzungsdauer 33 1/3 Jahre, Verbuchung der Afa indirekt

Daten der Rolltreppe:

Anschaffungskosten € 105.000,- (netto)
Datum der Inbetriebnahme: 10.9.2002
Rolltreppen als selbständiges Wirtschaftsgut haben eine steuerlich anerkannte Nutzungsdauer von 8 Jahren.

Aufgaben:

- o Ermitteln Sie in übersichtlicher Form die Abschreibung für die Ausstellungshalle und die Rolltreppe.
- o Stellen Sie die Verbuchung dieser Abschreibung (indirekt) in Form eines Buchungssatzes dar.

Berechnung:

Buchungssatz:

Kontonummer, Kontobezeichnung	Soll	Haben

Kommentar zu Ü 71

Hier tritt der Fall ein, dass der Investitionsaufwand höher ist als der Restbuchwert der Halle. Auch ist die Restnutzungsdauer der Halle kürzer als die Nutzungsdauer der Rolltreppe. Aus diesem Grund ist der Restbuchwert der Halle auf die Nutzungsdauer der Rolltreppe abzuschreiben (Variante 2).

Haben Sie Schwierigkeiten, arbeiten Sie bitte nochmals die Informationen im Kapitel 18.3.4.2 durch.

Nach Lösungsvergleich ——→ weiter mit Übung 72

Übung 72

Die Baufirma Huber hat 2002 mit eigenen Arbeitskräften folgende Arbeiten durchgeführt:

- Umbau der Kellerräume im Bürogebäude in Lagerräume
- Ausmalen der Räume im Bürogebäude

An Aufwendungen fielen dafür an und wurden auf den betreffenden Aufwandskonten verbucht:

- für die Malerarbeiten

Personalaufwand	€	12.000,–
Materialaufwand	€	2.540,–

- für die Umbauarbeiten

Personalaufwand	€	69.440,–
Materialaufwand	€	43.000,–
Sonstiger Aufwand	€	12.000,–

Die Malerarbeiten wurden im August 2002 durchgeführt, die Lagerräume am 10.9.02 in Betrieb genommen.

Daten des Bürogebäudes:
Anschaffungswert € 2,062.000,-, Nutzungsdauer 40 Jahre,
Datum der Inbetriebnahme 4.6.1993

Ihre Aufgaben:
Geben Sie auf den untenstehenden Konten alle erforderlichen Buchungen
- im Zusammenhang mit den Malerarbeiten und den Umbauarbeiten
- mit der Abschreibung des Bürogebäudes für 2002 an.

Nebenrechnungen sind übersichtlich darzustellen.

0210 Gebäude

Dat.	Text	Soll	Haben
1.1.	9800	2,062.000	

0290 Kumulierte Abschreibung Gebäude

Dat.	Text	Soll	Haben
1.1.	9800		515.500

Dat.	Text	Soll	Haben

Dat.	Text	Soll	Haben

Dat.	Text	Soll	Haben

Dat.	Text	Soll	Haben

Nebenrechnungen:

Kommentar zu Ü 72

Bei diesem Beispiel müssen Sie einige Überlegungen anstellen.

ad Aktivieren
Nur der Ausbau der Kellerräume in Lagerräume (= andere Nutzung) ist zu aktivieren.
Diese Arbeiten wurden selbst mit eigenen Arbeitskräften durchgeführt. D.h. dieser Ausbau ist wie eine "selbsterstellte Anlage" - vgl. Kapitel 18.2.5 - zu behandeln.

ad Malerarbeiten
Die Malerarbeiten sind bereits als Aufwand verbucht. Hier ist keine Buchung erforderlich.

ad Abschreibung
Ermitteln Sie die Restnutzungsdauer ab 30.6.2002. Über diese Zeit sind die Lagerräume abzuschreiben, jedoch nur für ein halbes Jahr, da sie erst in der 2. Jahreshälfte 2002 in Betrieb genommen worden sind. Zu dieser Abschreibung kommt noch die laufende Abschreibung des "alten" Gebäudes.

Nach Lösungsvergleich

Informationen für die nächsten Übungsaufgaben
Informationsteil, Kapitel 18.4

Übungen zu 18.4 - Ausscheiden von Anlagen

Übung 73 - Anlagenverkauf

Die Putzerei Müller hat am 5.1.1998 einen Bügelautomaten angeschafft und am 10.1.1998 in Betrieb genommen. Kaufpreis S 206.404,50, d.s. € 15.000,- zuzügl. 20 % USt. Nutzungsdauer 5 Jahre, Abschreibung direkt.

Der Bügelautomat wird am 31.3.2002 um € 3.600,- (inkl. 20 % USt) bar verkauft.

Aufgabe:

Ermitteln Sie den Buchwert per 1.1.2002 des Altgerätes. Eröffnen Sie das Konto Bügelmaschinen (0410) mit diesem Buchwert zum 1.1.2002.

Stellen Sie alle im Zusammenhang mit dem Verkauf anfallenden Buchungen auf den entsprechenden Konten dar.

Die Konten sind nach dem Kontenplan zu benennen und zu nummerieren. Datum und Nummer des Gegenkontos sind bei jeder Buchung anzugeben.

Ermitteln Sie unterhalb der Konten den Netto-Ertrag, den dieser Verkauf erbrachte.

Dat.	Text	Soll	Haben

Dat.	Text	Soll	Haben

Dat.	Text	Soll	Haben

Dat.	Text	Soll	Haben

Dat.	Text	Soll	Haben

Dat.	Text	Soll	Haben

Der Verkauf des Bügelautomaten erbrachte einen Netto-Ertrag von € ____________________

Kommentar zu Ü 73

- Buchwert am 1.1.2002
  Noch 20 % der Abschreibungsbasis, d.s. 20 % vom Kaufpreis, also
  20 % von € 15.000,- = € 3.000,-
  4 Jahre, nämlich 1998, 1999, 2000 und 2001, wurde der Bügelautomat bereits jährlich mit 20 % (insgesamt 80 %) abgeschrieben.
- Abschreibung des Bügelautomaten für 2002:
  Da er im 1. Halbjahr verkauft wird, kann die Abschreibung nur für 1/2 Jahr vorgenommen werden.
- Ausscheiden des Bügelautomaten:
  Der Restbuchwert (= Saldo des Konto 0410) ist über das Konto 7820 aus dem Anlagevermögen auszuscheiden.
- Verbuchung des Verkaufserlöses:
  Die im Verkaufserlös enthaltene Umsatzsteuer ist als Verbindlichkeit gegen das Finanzamt zu verbuchen.
- Der Netto-Ertrag ergibt sich aus dem Netto-Verkaufserlös abzüglich dem Buchwert.

Nach Lösungsvergleich ⟶ weiter mit Übung 74

Übung 74 - Anlagentausch

Die Fleischerei Schweininger gibt am 30.7.2002 ein Kühlgerät mit einem Buchwert von € 6.000,- (1.1.2002) für ein neues Kühlgerät in Zahlung. Anschaffungswert der Altanlage € 48.000,-, Abschreibung 12,5 %, indirekt.

Das neue Kühlgerät kostet € 58.000,- zuzüglich 20 % USt (= € 11.600,-).
Von diesem Betrag werden € 9.600,- für das Altgerät abgezogen. Der Rest in Höhe von € 60.000,- ist am 30.9. fällig (Lieferant ALLFROST 33001). Dieser Betrag wird am 29.9. überwiesen.
Auch das neue Gerät ist mit 12,5 % indirekt abzuschreiben. Tag der Inbetriebnahme: 5.8.2002.

Aufgabe:

Stellen Sie alle erforderlichen Buchungen im Zusammenhang mit diesem Geschäftsfall während des Jahres und am Bilanzstichtag in Form von Buchungssätzen dar. Geben Sie jeweils das Datum an.

Dat.	Kontonummer, Kontobezeichnung	Soll	Haben

Kommentar zu Ü 74

- Abschreibung des Altgerätes:
  12,5 % von € 48.000,- = 6.000,-. Mit diesem Betrag steht das Gerät noch zu Buch. Dieser Betrag ist voll abzuschreiben. Auch am Konto 0690 sind nach Verbuchung der Abschreibung € 48.000,- ausgewiesen.
- Ausscheiden des Altgerätes:
  Da kein Restwert vorhanden ist, brauchen Sie nur das Konto "Kumulierte Abschreibungen" gegen das Konto Geschäftsausstattung aufzulösen.
- Aktivierung des Neugerätes:
  Der volle Anschaffungswert (ohne USt) ist zu aktivieren: € 58.000,-.
  Die Umsatzsteuer kann als Vorsteuerforderung an das Finanzamt geltend gemacht werden: € 11.600,-

	Rechnungsbetrag (inkl. USt)	€	69.600,-
-	Abzug für Altgerät	€	9.600,-
	Restzahlung	€	60.000,-

  Aus dem Verkaufserlös von € 9.600,- ist die USt herauszurechnen und an das Finanzamt abzuführen (d.s. € 1.600,-).
- Abschreibung des Neugerätes:
  Da das Neugerät in der 2. Jahreshälfte in Betrieb genommen wurde, kann es nur mit 6,25 % abgeschrieben werden. Abschreibungsbasis: € 58.000,-.

Nach Lösungsvergleich ⟶ weiter mit Übung 75

Übung 75

Ein zum Glück leerer, jedoch fast neuer Lagerschuppen brannte am 17.3. bis auf die Grundmauern ab. Er war noch nicht feuerversichert.

Der Lagerschuppen wurde am 10.10. des Vorjahres mit € 450.000,- aktiviert. Abschreibung auf der Basis einer 10jährigen Nutzungsdauer; direkte Abschreibung.

Aufgabe:

Stellen Sie bitte alle Buchungen im Zusammenhang mit dem Brand und dem Aussscheiden des Lagerschuppens aus dem Anlagevermögen auf den vorgegebenen Konten dar. Auf dem Konto Gebäude sehen Sie den Buchwert des Lagerschuppens.

0210 Gebäude

Dat.	Text	Soll	Haben
1.1.	9800	427.500	

Dat.	Text	Soll	Haben

Dat.	Text	Soll	Haben

Kommentar zu Ü 75

- Der Lagerschuppen ist für das erste Halbjahr abzuschreiben.
- Der Buchwert ist auszuscheiden.

Nach Lösungsvergleich ⟶ weiter mit Übung 76

Übung 76 - Zusammenfassendes Beispiel zur Anlagenverbuchung

- o Am 4.4.**2002** kaufen wir einen LKW und nehmen ihn sofort in Betrieb.
  Anschaffungswert: € 82.410,- + 20 % USt gegen Wechselakzept, fällig am 31.8.2002.
  Der Kontoauszug vom 2.9.02 zeigt die Abbuchung des Wechselbetrages.
  Nutzungsdauer des LKW: 5 Jahre, Verbuchung der Abschreibung indirekt.
- o **2003** wird der LKW weiter genutzt.
- o Am 1.9.**2004** tauschen wir den LKW gegen ein stärkeres Modell, das ebenfalls sofort in Betrieb genommen wird.
  Anschaffungswert des neuen LKWs: € 124.000,- + 20 % USt
  Nutzungsdauer des LKW: 5 Jahre, Verbuchung der Abschreibung indirekt.
  Für den alten LKW erhalten wir einen Abzug von € 50.000,-. Über den Rest stellen wir einen Scheck aus. Der Scheck wird am 14.9. von unserem Bankkonto abgebucht (exakte Verbuchung).

Aufgabe:

Stellen Sie alle Buchungen im Zusammenhang mit dem Kauf, der Nutzung und dem Tausch für die Jahre 2002 - 2004 dar. Sie haben die erforderlichen Konten für jedes Jahr vorgegeben.
Nur das LKW-Konto und das Konto "Kumulierte Abschreibungen" sind jeweils abzuschließen und im nächsten Jahr zu eröffnen. Das Abschluss- bzw. das Eröffnungsbilanzkonto sind nicht darzustellen.

2002

2800 Bank

Dat.	Text	Soll	Haben
	Div.	124.700	

Dat.	Text	Soll	Haben

Dat.	Text	Soll	Haben

Dat.	Text	Soll	Haben

Dat.	Text	Soll	Haben

Dat.	Text	Soll	Haben

Dat.	Text	Soll	Haben

Dat.	Text	Soll	Haben

2003

Dat.	Text	Soll	Haben

Dat.	Text	Soll	Haben

Dat.	Text	Soll	Haben

Dat.	Text	Soll	Haben

2004

2800 Bank

Dat.	Text	Soll	Haben
	Div.	147.800	

Dat.	Text	Soll	Haben

Dat.	Text	Soll	Haben

Dat.	Text	Soll	Haben

Dat.	Text	Soll	Haben

Dat.	Text	Soll	Haben

Dat.	Text	Soll	Haben

Dat.	Text	Soll	Haben

Dat.	Text	Soll	Haben

Dat.	Text	Soll	Haben

Kommentar zu Ü 76

- Die Verbuchung des Anlagenkaufes, dessen Abschreibung sowie sein Tausch hat Ihnen sicher keine Schwierigkeiten mehr bereitet.
- Sollten Sie bei der Verbuchung des Schuldwechsels bzw. bei seiner Einlösung noch Probleme haben, finden Sie die Erklärungen im Band I, Kapitel 12.
- Sollten Sie die exakte Verbuchung von Schecks vergessen haben, arbeiten Sie bitte nochmals die Informationen in Kapitel 9.2.3 durch.

Nach Lösungsvergleich

Informationen für die nächsten Übungsaufgaben
Informationsteil, Kapitel 18.5

Übung zu 18.6 - Der "Anlagenspiegel"

Übung 77

Erstellen Sie den Anlagenspiegel für die Position "Bebaute Grundstücke" auf Grund folgender Angaben:

Beachten Sie dabei:
In der Buchhaltung werden Grundstückswert (Konto 0200) und Gebäudewert (Konto 0210) getrennt ausgewiesen.
Im Anlagenspiegel werden diese beiden Werte als gemeinsame Position angesetzt, der Grundwert selbst wird als Fußnote angegeben.
Abgeschrieben kann selbstverständlich nur der Gebäudewert werden.

Zu Beginn des Jahres waren vorhanden:

Grundstück mit Gebäude 1:
Anschaffungswert € 15,000.000,-, davon Grundstück € 2,000.000,-.
Nutzungsdauer 40 Jahre, kumulierte Abschreibung bisher € 8,125.000,-, Restnutzungsdauer zu Jahresbeginn 15 Jahre.

Grundstück mit Gebäude 2:
Anschaffungswert € 5,000.000,-, davon Grundstück € 900.000,-.
Nutzungsdauer 33 1/3 Jahre, kumulierte Abschreibung bisher € 1,845.000,-.

Veränderungen während des Jahres:

- o Auf Gebäude 1 wurde ein Stockwerk aufgesetzt. Dieses wurde in der zweiten Jahreshälfte fertiggestellt, abgerechnet und in Betrieb genommen:
  € 1,200.600,-
- o Grundstück mit Gebäude 2 wurde in der zweiten Jahreshälfte um € 8,000.000,- verkauft.

Berechnung:

Anlagenspiegel (Ausschnitt):

	1	2	3	4	5	6	7	8
Bilanz-position	Anschaffungs-wert zu Jahresbeginn	Zugänge	Abgänge	Umbu-chungen	kumulierte Abschr. 31.12.	Buchwert Jahres-ende	Buchwert Vorjahr	Abschrei-bung 20..
bebaute Grund-stücke								

Kommentar zu Ü 77:

Die formale Erstellung des Anlagenspiegels wird Ihnen sicher keine Probleme bereiten.

Schwierigkeiten könnten Sie bei der Ermittlung der Abschreibung und der Buchwerte haben, daher wollen wir dazu einige Hinweise geben:

- Buchwert 1.1. (Vorjahr)
  Um diesen Wert zu erhalten, müssen Sie nur von den beiden Gesamtanschaffungswerten jeweils die bisherigen kumulierten Abschreibungen subtrahieren.

- Abschreibung für dieses Jahr
  Gebäude 1 alt ist für 1 Jahr normal abzuschreiben
  Der Zubau ist auf eine Nutzungsdauer von 14 1/2 Jahren aufzuteilen. Dabei ist heuer zu beachten, daß der Zubau erst in der zweiten Jahreshälfte in Betrieb genommen wurde.
  Das Gebäude 2 ist noch für ein Jahr abzuschreiben.
  Beachten müssen Sie, dass die Abschreibung jeweils nur von den Gebäudewerten erfolgen kann.

- Kumulierte Abschreibungen am 31.12.
  Hier zählen Sie zur bisherigen Abschreibung des Gebäudes 1 die heurige dazu (auch jene des Zubaus). Für Gebäude 2 gibt es durch das Ausscheiden am 31.12. diese Position nicht mehr.

- Buchwert 31.12.
  Vom Gesamtanschaffungswert von Gebäude 1 (inkl. Zubau) ziehen Sie die kumulierten Abschreibungen per 31.12. ab. Sie erinnern sich: Anschaffungswert abzüglich der bisherigen Abschreibungen ergibt den Buchwert!

Nach Lösungsvergleich

Informationen für die nächsten Übungsaufgaben
Informationsteil, Kapitel 19

Übungen zu 19. Die steuerliche Behandlung von Kraftfahrzeugen

Übung 78

Wir kaufen am 10.5.2002 von der Firma Czeczelits einen PKW für Firmenzwecke (vgl. Rechnungsausschnitt) gegen Barzahlung.
Der PKW wird sofort in Betrieb genommen, Nutzungsdauer des PKW: 8 Jahre.

MONDEO TREND 5-TUERIG TD 115 PS

	EUR
Netto-Rechnungsbetrag	16.598,12
8,00 % NOVA	1.327,85
Zwischensumme	17.925,97
20,00 % Mehrwertsteuer	3.585,19
GESAMT Bruttorechnungsbetrag	21.511,16

An Kosten fallen im Laufe des Monats Mai an:

€	900,-	+ 20 % USt für Garagierung
€	750,-	Versicherung
€	206,-	inkl. 20 % USt Tanken.

Alle diese Kosten werden bar bezahlt.

Aufgabe:

Verbuchen Sie die Anschaffung des PKW, sowie die im Monat Mai anfallenden Aufwendungen. Ermitteln Sie unterhalb des Kontenrasters die Höhe des Abschreibungsbetrages für 2002.

2700 Kassa

Text	Soll	Haben
Div.	30.000	

Text	Soll	Haben

Text	Soll	Haben

Text	Soll	Haben

Berechnung der Abschreibung:

Kommentar zu Ü 78

- Die Anschaffung des PKWs ist wie jeder Anlagenkauf zu verbuchen, jedoch **inkl. USt und inkl. NOVA**. Der Anschaffungswert inkl. USt und NOVA ist die Abschreibungsbasis.
- Die angefallenen Betriebskosten werden alle steuerlich anerkannt und können in voller Höhe **inkl.** USt (KEIN Vorsteuerabzug möglich!) auf dem Aufwandkonto 7260 verbucht werden.
- Da der PKW im 1. Halbjahr angeschafft wurde, kann die Abschreibung für ein ganzes Jahr vorgenommen werden.

Nach Lösungsvergleich ⟶ weiter mit Übung 79

Übung 79

Mit dem als Betriebs-PKW verbuchten Audi A3 sind wir laut Fahrtenbuch 2002 insgesamt 32.160 km gefahren, davon 6.432 km für private Zwecke.

Der PKW wurde am 31.1. 1999 angeschafft und sofort in Betrieb genommen.

Anschaffungswert des PKWs:

Nettorechnungspreis	S 303.000,-
+ 8% NOVA	" 24.240,-
	S 327.240,-
+ 20% USt	" 65.448,-
Gesamtrechnungsbetrag	S 392.688,- = € 28.537,75

Afa zwingend ab 1996 12,5 %.

Betriebsaufwand im Jahr 2002:

Garagierung	€ 966,-	+ 20 % USt
Tanken:	€ 1.828,-	+ 20 % USt
Reparaturen:	€ 1.007,-	+ 20 % USt
Versicherung:	€ 1.032,-	

Aufgabe:

Ermitteln Sie den Privatanteil und stellen Sie seine Verbuchung als Buchungssatz dar. Alle Aufwendungen wurden bereits in voller Höhe im Hauptbuch verbucht.

Berechnung:

Buchungssatz:

Kommtentar zu Ü 79

ad Abschreibung

Beachten Sie, dass der Gesamtbetrag auf dem Konto PKW aktiviert werden musste. Er stellt die Afa-Basis dar.

ad Privatanteil

$$\frac{\text{Privat-km}}{\text{Gesamt-km}} = \text{Privatanteil} = 0{,}2 \text{ oder } 1/5$$

1/5 der gesamten Betriebskosten (inkl. USt) sowie der Abschreibung sind als Privatanteil zu verbuchen. **Keine** USt!

Nach Lösungsvergleich

Informationen für die nächsten Übungsaufgaben
Informationsteil, Kapitel 20

Übungen zu 20 - Die Verbuchung von Forderungsausfällen

Übung 80

Am 31.12.20.. beträgt der

Gesamtstand an Forderungen (inkl. 20 % USt)	€	600.000,-
In diesem Betrag sind enthalten		
- Forderung an Müller (Konkursquote mit 10 % festgesetzt)	€	42.000,-
- Forderung an Huber (Ausgleichsquote mit 60 % festgesetzt)	€	24.000,-
- Forderung an Schneider (ergebnislos gepfändet, wir scheiden die Forderung daher aus)	€	12.000,-
- Forderung an Berger (mehrmals erfolglos gemahnt, wir rechnen mit einem Ausfall von 50 %)	€	6.000,-

Aus den Konten ersehen Sie den Stand der Einzel-Wertberichtigung aus dem Vorjahr.

Aufgaben:

- Errechnen Sie in übersichlicher Form auf einem eigenen Blatt die Höhe der Berichtigungen bzw. der Ausfälle.
- Verbuchen Sie diese Tatbestände auf den untenstehenden Hauptbuchkonten. Da die Personenkonten nicht dargestellt sind, haben alle Korrekturbuchungen hier direkt auf dem Hauptbuchsammelkonto zu erfolgen. Das Konto 2000 und das Wertberichtigungskonto sind abzuschließen. Die Abschlusskonten sind nicht darzustellen.
- Geben Sie unter dem Kontenschema an, welche Buchungen auf den Personenkonten zu erfolgen hätten.

2000 Lieferforderungen

Dat.	Text	Soll	Haben
31.12.	Ü 1 - 12	960.000	360.000

3500 Umsatzsteuer

Dat.	Text	Soll	Haben
31.12.	Div.	247.000	316.000

Dat.	Text	Soll	Haben

2080 Einzelwertberichtigungen

Dat.	Text	Soll	Haben
1.1.	9800		50.000

Dat.	Text	Soll	Haben

Dat.	Text	Soll	Haben

Kommentar zu Ü 80

- Teilweise auszuscheiden sind die Forderungen an Müller und Huber. In beiden Fällen steht der Ausfall fest, d.h. hier kann auch die USt korrigiert werden. Der ausgefallene Teil der Forderungen ist auszuscheiden. Die Forderung an Schneider ist mit dem Gesamtbetrag auszuscheiden.
  Die Buchung erfolgt hier auf dem Hauptbuchsammelkonto, selbstverständlich müsste der Ausfall auch auf den Personenkonten verbucht werden. D. h. die Buchungen für diese drei Kunden sollten Sie unterhalb des Kontenschemas angeführt haben.
- Einzeln wertzuberichtigen ist nur die Forderung an Berger (mit 50 %). In diesem Fall ist der genaue Ausfall noch nicht belegt, daher kann nur eine Wertberichtigung vom Nettobetrag gebildet werden.
  Am Konto 2080 ist der Stand aus dem Vorjahr zu hoch. Ein Teil der Wertberichtigung ist daher gewinnerhöhend aufzulösen.

Sollten Sie bei der Verbuchung dieser Berichtigung bzw. der Ausfälle noch Schwierigkeiten haben, arbeiten Sie bitte nochmals Kapitel 20 im Informationsteil durch.

Nach Lösungsvergleich ——————► weiter mit Übung 81

Übung 81

Gesamtstand der Forderungen	€	700.000,-
davon:		
o Forderungen inkl. 10 % USt	€	220.000,-
o Forderungen inkl. 20 % USt	€	480.000,-
Stand der Forderungswertberichtigung		
o Inland-Einzelwertberichtigungen	€	12.000,-
In den Inlandsforderungen sind enthalten:		
o Forderung an Sandler inkl. 10 % USt (Der Konkurs wurde eröffnet, wir rechnen mit einer Quote von 10 %)	€	8.800,-
o Forderung an Gratisberger inkl. 20 % USt (Der Ausgleich wurde eröffnet, wir rechnen mit einer Quote von 40 %)	€	10.800,-
o Forderung an Travnicek inkl. 20 % USt Wir haben einen außergerichtlichen Nachlass von 30 % gewährt (Beleg liegt vor)	€	6.000,-

Aufgaben:

- Berechnen Sie in übersichtlicher Form auf einem Extrablatt die Höhe der Wertberichtigungen bzw. Ausfälle (getrennt nach den einzelnen Forderungsarten bzw. Wertberichtigungen)
- Stellen Sie deren Verbuchung in Form von Buchungssätzen im vorgegebenen Raster dar.

Kto.Nr.	Kontobezeichnung	Soll	Haben

Kommentar zu Ü 81

- Sollten Sie bei dem Ausscheiden von Forderungen bzw. bei der Berechnung und Buchung der Einzelwertberichtigungen noch Schwierigkeiten haben - lesen Sie nochmals den Kommentar zu Ü 80.
- Beachten Sie jedoch: die Forderungen enthalten unterschiedliche USt-Sätze!

Nach Lösungsvergleich ——————→ weiter mit Übung 82

Übung 82

Am Jahresende, jedoch vor der Bewertung der Forderungen, aber nach dem Übertrag der bisherigen Dezembersummen der Personenkonten auf das Hauptbuchsammelkonto ergibt sich folgendes Bild:

Auszug aus den Kundenkonten:

20003 Karl Berger

Dat.	Text	Soll	Haben
14.4.	4000/3500	48.000	

20007 Franz Falsch

Dat.	Text	Soll	Haben
28.5.	4000/3500	72.000	

20010 Rudolf Unlust

Dat.	Text	Soll	Haben
17.3.	4000/3500	120.000	

Dat.	Text	Soll	Haben

Hauptbuchkonten:

2000 Inlandsforderungen (Sammelkonto)

Dat.	Text	Soll	Haben
	Ü1-12	1,200.000	660.000

2080 Einzel-WB zu Inlandsforderungen

Dat.	Text	Soll	Haben
1.1.	9800		35.000

3500 Umsatzsteuer

Dat.	Text	Soll	Haben
	Div.	200.000	270.000

Dat.	Text	Soll	Haben

Dat.	Text	Soll	Haben

Dat.	Text	Soll	Haben

Nebenrechnungen:

Tatbestände für die Forderungsbewertung:

Alle Forderungen enthalten 20% USt.

(1) Unser Kunde Berger hat seine Zahlungen eingestellt. Wir rechnen mit einem Ausfall unserer Forderung in Höhe von 60%.

(2) Über das Vermögen des Kunden Falsch ist das Konkursverfahren eingeleitet worden. Wir rechnen mit einem Ausfall von 90%.

(3) Das Ausgleichsverfahren über unseren Kunden Unlust wurde abgeschlossen. Die Quote wurde mit 40% festgelegt. Im Zusammenhang mit dieser Quotenfestlegung wurde noch keine Buchung vorgenommen.

Aufgaben:

- Ermitteln Sie in übersichtlicher Form unterhalb der Konten den Stand per 31.12. des Kontos 2080. Beachten Sie: Nebenrechnungen sind auch in Prüfungsbeispielen zumindest ansatzmäßig übersichtlich darzustellen.
- Stellen Sie alle Buchungen im Zusammenhang mit diesen Forderungsbewertungen auf den obigen Konten dar. Schließen Sie die Hauptbuchkonten ab. Die Abschlusskonten sind nicht darzustellen.

Kommentar zu Ü 82:

- Zu den Nettoforderungen von Berger und Falsch ist eine Einzel-WB zu bilden bzw. die vorhandene entsprechend zu verändern.
- Ein Teil der Forderung an Unlust ist auszuscheiden (tatsächlicher Ausfall), d.h. dieser Teil ist vom Personenkonto wegzubuchen. Auch die USt ist entsprechend zu korrigieren.

Nach Lösungsvergleich

Informationen für die nächsten Übungsaufgaben
Informationsteil, Kapitel 21

Übungen zu 21 - Rechnungsabgrenzungen

Übung 83

Geben Sie bitte den Buchungssatz für folgenden Tatbestand am 31.12. an:
Für unsere Wertpapiere erhalten wir am 1.2. nächsten Jahres Zinsen in der Höhe von € 18.000,- abzüglich 25 % KESt für ein halbes Jahr im Nachhinein.

Buchungssatz:

Kommentar zu Ü 83

Wir haben für unsere Wertpapiere Zinsen zu fordern.
5 Monate des zu erwartenden Zinsertrages (abzüglich KESt) fallen in das Abschlussjahr.

Nach Lösungsvergleich ⟶ weiter mit Übung 84

Übung 84

Wir zahlen die Versicherungsprämie für die Feuerversicherung jeden 1.10. für 1 Jahr im Voraus.
€ 3.600,-, Banküberweisung.

Aufgabe:

Bitte stellen Sie
- die Verbuchung der Zahlung am 1.10.,
- die Abgrenzung am 31.12. und
- die sich aus diesem Fall ergebende Buchung im Folgejahr

in Form von Buchungssätzen dar. Beim Rechnungsabgrenzungskonto sind sowohl der Abschluss als auch die Eröffnung darzustellen.

Dat.	Kontonummer, Kontobezeichnung	Soll	Haben

Kommentar zu Ü 84

Wir weisen am 31.12. einen zu hohen Aufwand auf Konto 7700 aus. Dieser Aufwand ist in die Folgeperiode zu übertragen. Wir können diesen Übertrag mit Hilfe des Kontos "2900 Aktive Rechnungsabgrenzung" durchführen.

Nach Lösungsvergleich ⟶ weiter mit Übung 85

Übung 85

Am 1.1. eröffnen wir das Konto "Sonstige Forderungen" mit einem Betrag von € 1.000,-.
Diese Forderung ist im Vorjahr für Zinsen gebildet worden, die wir für ein von uns gewährtes Darlehen jeweils am 28.2. im Nachhinein erhalten.
Am 28.2. werden diese Zinsen in Höhe von € 3.000,- unserem Bankkonto gutgeschrieben.

Aufgabe:

Bitte stellen Sie alle Buchungen im Zusammenhang mit
- der Eröffnung des Kontos "Sonstige Forderungen" und
- mit dem Erhalt der Zinsen

auf den untenstehenden Konten dar.

Dat.	Text	Soll	Haben

Dat.	Text	Soll	Haben

Dat.	Text	Soll	Haben

Kommentar zu Ü 85

Die Forderung ist erst zum Zeitpunkt der Zahlung aufzulösen.

Nach Lösungsvergleich ⟶ weiter mit Übung 86

Übung 86

Auszug aus dem Darlehensvertrag:
- Darlehenssumme: € 100.000,-, endfällig
- Datum der Zuteilung: 1.7.1999
- Laufzeit 5 Jahre, endfällig
- Gebühren und Provisionen, fällig bei Darlehensaufnahme, € 3.000,-
- Fixzinssatz 8 % p.a., zahlbar jeweils am 1.8. und 1.2. im Nachhinein.

Aufgaben:

- Stellen Sie die Buchung am 31.12. 2002 dar, die erforderlich zum richtigen Ausweis der Darlehenszinsen ist. Schließen Sie alle Konten ab. Die Abschlusskonten sind jedoch nicht darzustellen.
- Geben Sie unterhalb der Konten jenen Betrag an, der 2002 bedingt durch die Geldbeschaffungskosten den steuerlichen Gewinn verringert.

8290 Zinsaufwand für Darlehen

Dat.	Text	Soll	Haben
1.2.	2800	666,67	
1.8.	2800	4.000,00	

3250 Darlehen

Dat.	Text	Soll	Haben
1.1.	9800		100.000

Dat.	Text	Soll	Haben

Dat.	Text	Soll	Haben

Die Geldbeschaffungskosten verringern im Jahr 2002 den steuerpflichtigen Gewinn um € _________.

Kommentar zu Ü 86:

Abgrenzung der Zinsen

Wir sind Darlehenszinsen schuldig, d.h. wir müssen die Zinsen für die noch offenen 5 Monate als sonstige Verbindlichkeit ausweisen.

Geldbeschaffungskosten

Die Geldbeschaffungskosten müssen steuerlich über die Laufzeit des Darlehens aufgeteilt werden, d.h. im Jahr 2002 verringert sich der steuerpflichtige Gewinn um € 600,-.

Nach Lösungsvergleich ——→ weiter mit Übung 87

Übung 87

Wir zahlen die Geschäftsmiete auf Grund der Rechnung vom 1.12.02 für 3 Monate im Voraus bar. Miete für die Zeit vom 1.12. - 1.3. € 9.000,- + 20 % USt.

Aufgabe:

Stellen Sie auf Konten die Zahlung der Miete am 1.12., die Verbuchung der Vorsteuer und die Abgrenzung per 31.12. dar. Das Kassakonto ist nicht darzustellen.
Die verwendeten Konten sind am 31.12. abzuschließen. Die Abschlusskonten sind nicht darzustellen.

Dat.	Text	Soll	Haben

Dat.	Text	Soll	Haben

Dat.	Text	Soll	Haben

Dat.	Text	Soll	Haben

Kommentar zu Ü 87

Die Vorsteuer kann am Ende des Monats, in dem die Zahlung erfolgt ist, beim Finanzamt geltend gemacht werden. Der Netto-Mietaufwand selbst ist für 2 Monate abzugrenzen.

Nach Lösungsvergleich ——→ weiter mit Übung 88

Übung 88

Wir vermieten Wohnungen in unserem Bürogebäude und erhalten am 2.11. auf Grund der mit diesem Datum ausgestellten Rechnung € 16.500,- (inkl. 10 % USt) Miete bar für 3 Monate im Voraus.

Aufgabe:

Stellen Sie
- den Erhalt der Mietzahlung
- die Verbuchung der USt
- sowie die Umbuchung am 31.12.

in Form von Buchungssätzen dar.
Setzen Sie Ihre Darstellung für den Jänner des Folgejahres fort. Abschluss- und Eröffnungsbuchungen sind **nicht** darzustellen.

Dat.	Kontonummer, Kontobezeichnung	Soll	Haben

Kommentar zu Ü 88

Die Umsatzsteuerschuld entsteht am Ende des Monats, in dem die Zahlung eingeht.
Die Mietabgrenzung stellt ein passives Transitorium dar.

Nach Lösungsvergleich

Informationen für die nächsten Übungsaufgaben
Informationsteil, Kapitel 22

Übungen zu 22. - Rückstellungen

Übung 89

Wir bilden am 31.12. für einen laufenden Schadenersatzprozess eine Rückstellung in der Höhe von € 80.000,- für den Fall, dass wir verurteilt werden. Außerdem ist eine Rückstellung für Rechts- und Beratungskosten in der Höhe von € 20.000,- zu bilden.

Am 10.4. des Folgejahres schließen wir einen Vergleich. Wir zahlen an den Gegner € 50.000,- Schadenersatz (Überweisung am 11.4.) und tragen die vollen Rechtsanwaltskosten. Die Honorarnote des Rechtsanwaltes trifft am 13.4. ein: € 30.000,- + 20 % USt, wir überweisen sofort.
Der Tagesauszug mit der Abbuchung beider Beträge trifft am 17.4. ein.

Aufgaben:

- o Stellen Sie im Abschlussjahr die Rückstellungs- und Aufwandkonten dar und schließen Sie diese Konten ab. Auf die Darstellung der Abschlusskonten ist zu verzichten.
- o Eröffnen Sie im Folgejahr die Rückstellungskonten. Das Eröffnungsbilanzkonto ist nicht darzustellen.
- o Stellen Sie die beiden Überweisungen als laufende Buchungen dar.
- o Lösen Sie am 31.12. entsprechend die Rückstellungskonten auf.

Konten des Abschlussjahres

Dat.	Text	Soll	Haben

Dat.	Text	Soll	Haben

Dat.	Text	Soll	Haben

Dat.	Text	Soll	Haben

Konten des Folgejahres

2800 Bank

Dat.	Text	Soll	Haben
	Div.	100.000	

Dat.	Text	Soll	Haben

Dat.	Text	Soll	Haben

Dat.	Text	Soll	Haben

Dat.	Text	Soll	Haben

Dat.	Text	Soll	Haben

Dat.	Text	Soll	Haben

Dat.	Text	Soll	Haben

Kommentar zu Ü 89:

ad Bildung:

Sowohl die eventuelle Schadenersatzzahlung als auch die Prozesskosten sind Aufwände, deren Entstehung das Abschlussjahr betreffen. Sie sind daher als solche gewinnmindernd auszuweisen (Klasse 7). In der Bilanz ist in beiden Fällen ein Passivposten vorzusehen (Klasse 3).

ad Eröffnung im Folgejahr:

Eröffnet werden nur die Bestandskonten, also die beiden Rückstellungskonten.

ad Überweisung:

Hier sollten Sie keine Schwierigkeiten haben!
Gehen Sie davon aus, dass "normale" Zahlungen vorliegen. Sie wissen nicht, dass es Rückstellungen für diese Posten gibt.

ad Auflösung der Rückstellungskonten am 31.12.:

Die **Rückstellung für Schadenersatzzahlungen** wurde **zu hoch** gebildet. Der benötigte Teil wird am 31.12. gegen das entsprechende Aufwandkonto aufgelöst (die eigentliche Aufwandbuchung betraf ja das Vorjahr). Jener Betrag mit dem die Rückstellung zu hoch dotiert war, ist heuer **als betrieblicher Ertrag** auszuweisen.

Die **Rückstellung für Rechts- und Beratungsaufwand** wurde **zu niedrig** gebildet, d.h. neben dem Aufwand aus dem Vorjahr ist heuer **noch ein zusätzlicher Aufwand** hinzugekommen. Durch die Auflösung des Rückstellungskontos gegen das Aufwandkonto scheint in der heurigen G+V-Rechnung nur der Mehraufwand auf.

Nach Lösungsvergleich

Informationen für die nächsten Übungsaufgaben
Informationsteil, Kapitel 22.3

Übungen zu 23.3 – Die Übertragungsrücklage

Übung 90

Eine Spezialmaschine, Anschaffungswert S 1,376.030,- (= € 100.000,-), Anschaffungsdatum 10.7.96 (= Datum der Inbetriebnahme), 10 % p.a. planmäßige Abschr., Verbuchung der Abschreibung direkt,

erleidet am 7.3.2002 einen Bruch und ist auszuscheiden.

Wir führen mit dem Herstellerwerk einen Schadenersatzprozess und erhalten am 15.8.02 von deren Versicherung eine Banküberweisung über € 60.000,-.

Der Erlös ist am 31.12. einer Rücklage gem. § 12 EStG zuzuweisen, da 2002 keine Anlage angeschafft wurde.

Aufgabe:

Bitte stellen Sie diesen Geschäftsfall auf den untenstehenden Konten dar.
Das Maschinenkonto ist per 1.1.2002 zu eröffnen. Ermitteln Sie den entsprechenden Buchwert in €.

Scheiden Sie die Maschine aus, verbuchen Sie den Schadenersatz und die Bildung der Rücklage.

Die verwendeten Konten sind dem Kontenplan entsprechend zu benennen und zu nummerieren. Bei jeder Buchung sind Datum und Anruf des Gegenkontos anzuführen.

Dat.	Text	Soll	Haben

Dat.	Text	Soll	Haben

Dat.	Text	Soll	Haben

Dat.	Text	Soll	Haben

Dat.	Text	Soll	Haben

Dat.	Text	Soll	Haben

Dat.	Text	Soll	Haben

Dat.	Text	Soll	Haben

Kommentar zu Ü 90

ad Eröffnung des Maschinenkontos per 1.1.2002

Berechnung des Buchwertes:

Anschaffungswert	€ 100.000,-
- 55 % Afa (5 ½ Jahre)	€ 55.000,-
Buchwert per 1.1.2002	€ 45.000,-

ad Ausscheiden der Maschine:

Sollten Sie noch oder wieder Probleme beim Aussscheiden von Anlagen haben, so müssten Sie nochmals Informationsteil, Kapitel 18.4.4, durcharbeiten.

ad Zahlung des Schadenersatzes:

Der gesamte Schadenersatz ist als Erlös zu verbuchen.

ad Bildung der Rücklage:

Die Rücklage kann in Höhe der Differenz zwischen

Zahlung der Herstellerfirma	€ 60.000,-
- Buchwert beim Ausscheiden	€ 40.000,-
das sind	€ 20.000,-

gebildet werden.

Die Versicherung des Maschinenherstellers hat einen höheren Schadenersatz geleistet als dem tatsächlichen Schaden entsprach. Dieser Gewinn ist durch die Bildung der Rücklage nicht zu versteuern. Beachten Sie jedoch: die Rücklage muss innerhalb der nächsten 24 Monate (ab Ausscheiden der Spezialmaschine) auf ein Anlagegut als Bewertungsreserve übertragen werden.

Nach Lösungsvergleich ——→ weiter mit Übung 91

Übung 91

Am 14.6.2002 wird ein LKW um € 120.000,- + 20 % USt angeschafft. 1/3 des Kaufpreises zahlen wir sofort durch Banküberweisung, über den Rest stellen wir einen Wechsel per 31.8. aus.

Aus dem Vorjahr ist eine Übertragungsrücklage in Höhe von € 30.000,- vorhanden. Diese Rücklage auf Grund der Versicherungszahlung für eine durch Bruch ausgeschiedene Maschine am 2.3.2001 gebildet.

Aufgaben:

(1) Bilden Sie bitte im untenstehenden Raster die Buchungssätze für
- die LKW-Anschaffung
- die Übertragung der Rücklage gem. § 12 EStG, falls eine Übertragung der vorhandenen Rücklage auf diesen LKW möglich ist.

Kontonummer, Kontobezeichnung	Soll	Haben

(2) Der LKW hat eine voraussichtliche Nutzungsdauer von 5 Jahren.
Der LKW wird am 19.6. zugelassen und damit in Betrieb genommen.
Die Abschreibung ist direkt zu verbuchen.

Stellen Sie alle Buchungssätze am 31.12. dar, d.h. für

- die Abschreibung,
- jene Buchung, die im Zusammenhang mit der Übertragung der Rücklage gem. § 12 EStG steht,

Kontonummer, Kontobezeichnung	Soll	Haben

Kommentar zu Ü 91

ad Aufgabe (1)

Diese Rücklage kann auf den LKW in Form einer Bewertungsreserve übertragen werden. Sowohl die Spezialdrehbank als auch der LKW sind körperliche Wirtschaftsgüter. Da das Ausscheiden durch höhere Gewalt erfolgte, beträgt die Übertragungsfrist 24 Monate.

ad Aufgaben (2)

Abzuschreiben sind 20 % vom Anschaffungswert.
Die Bewertungsreserve ist verteilt auf die Nutzungsdauer des LKW aufzulösen.

Nach Lösungsvergleich ————→ weiter mit Übung 92

Übung 92

Wir erhalten am 4.8.2002 die bestellte Büroeinrichtung um € 60.000,- + 20 % USt von der Firma Bene (33001), 60 Tage Ziel oder 3 % Skonto bei Zahlung innerhalb von 10 Tagen.

Die extra in Rechnung gestellten Montagekosten sind sofort bei Übernahme der montierten Einrichtung zu überweisen. Die entsprechende Rechnung lautet auf € 2.000,- + 20 % USt und wird am 9.8. überwiesen.

Auf Grund einer Reklamation erhalten wir auf den Rechnungsbetrag 10 % Rabatt (Gutschrift am 10.8.).

Am 13.8. überweisen wir den noch offenen Rechnungsbetrag abzüglich 3 % Skonto.
Die Büroeinrichtung wird am 6.8.2002 in Betrieb genommen, ND 10 Jahre, Afa indirekt.

Aufgaben:

- Geben Sie alle Buchungen im Zusammenhang mit dem Kauf, der Zahlung und der Inbetriebnahme der Büroeinrichtung an.
- Berechnen und verbuchen Sie die Abschreibung für 2002.
- Prüfen Sie bitte, ob die am Konto 9620 ausgewiesene Rücklage gem. § 12 EStG auf diese Büroeinrichtung übertragen werden kann. Sie stammt aus dem Verkaufserlös einer Produktionsanlage, die am 5.11.2001 ausgeschieden ist. Ist die Übertragung möglich, ist sie vorzunehmen und die damit im Zusammenhang stehenden Buchungen durchzuführen. Es wurden 2002 keine weiteren Anlagen angeschafft.

0600 Büroeinrichtung

Dat.	Text	Soll	Haben

2500 Vorsteuer

Dat.	Text	Soll	Haben

2800 Bank

Dat.	Text	Soll	Haben
	Div.	750.000	

33001 Bene

Dat.	Text	Soll	Haben

Dat.	Text	Soll	Haben

9620 Rücklage gem. § 12 EStG

Dat.	Text	Soll	Haben
1.1.	9800		65.000

Dat.	Text	Soll	Haben

Dat.	Text	Soll	Haben

Dat.	Text	Soll	Haben

Dat.	Text	Soll	Haben

Kommentar zu Ü 92

Wir wollen Ihnen zwei Hilfestellungen geben.

ad Afa-Basis:

Auf dem Konto Büroausstattung sollten Sie im Soll den Nettoanschaffungswert und die Netto-Montagekosten verbucht haben. Im Haben als Anschaffungskostenminderung den Netto-Rabatt und den Netto-Skonto. Der Saldo des Anlagekontos (= € 54.380,-) stellt die Abschreibungsbasis dar.

ad Übertragungsrücklage:

Hier ist zu berücksichtigen, dass die Rücklage nur in Höhe der Abschreibungsbasis auf die Büroausstattung übertragen werden kann. Da im heurigen Jahr keine weiteren Anlagen mehr angeschafft wurden, ist der verbleibende Rest erfolgserhöhend aufzulösen.

Nach Lösungsvergleich

Informationen für die nächsten Übungsaufgaben
Informationsteil, Kapitel 23.4

Übung zu 23.4 – Der Investitionsfreibetrag (Auflösung)

Übung 93

Am 31.12.2003 sind in der Maschinenfabrik Franz Klein (Einzelunternehmen) folgende Rücklagen vorhanden:

9500 Bewertungsreserve € 14.400,-

Diese Bewertungsreserve in der ursprünglichen Höhe von € 24.000,- wurde 1999 auf eine neu angeschaffte Maschine übertragen. Nutzungsdauer dieser Maschine 10 Jahre.

9620 RL gem § 12 EStG € 32.000,-

Diese Rücklage wurde am 4.6.2002 anläßlich des Verkaufs einer Produktionsmaschine gebildet. 2003 wurden keine neuen Anlagen angeschafft.

9610 Rücklage gem. § 10 EStG € 13.150,-

Diese Rücklage setzt sich wie folgt zusammen:

€ 7.200,- wurden 1999 beim Kauf der Geschäftsausstattung gebildet. Die Geschäftsausstattung wird weiter genutzt.

€ 5.950,- wurden 2000 beim Kauf eines LKW gebildet. Dieser LKW wurde heuer verkauft.

Aufgabe:

Geben Sie im untenstehenden Buchungsraster alle erforderlichen Buchungen im Zusammenhang mit dem richtigen Ausweis der Rücklagen per 31.12.2003 an.

Kontonummer, Kontobezeichnung	Soll	Haben

Kommentar zu Ü 93

ad Bewertungsreserve

Sie wissen bereits: die Bewertungsreserve ist analog zur Abschreibung aufzulösen.

ad RL gem. § 12 EStG

Rücklagen gem § 12 EStG, die aus einem Verkaufserlös stammen, sind innerhalb von 12 Monaten stichtagsbezogen zu übertragen. Da 2003 keine neuen Anlagegüter angeschafft wurden, ist diese Rücklage erfolgserhöhend aufzulösen.

ad IFB

Der für die Geschäftsausstattung gebildete IFB wurde widmungsgemäß verwendet und kann daher nun dem Eigenkapital zugeführt werden. Der für den LKW gebildete IFB muss erfolgserhöhend aufgelöst werden.

Sollten Sie noch zusätzliche Probleme bei diesem Beispiel haben, arbeiten Sie nochmals die Kapitel 23.3 und 23.4 im Informationsteil durch.

Nach Lösungsvergleich

Informationen für die nächsten Übungsaufgaben
Informationsteil, Kapitel 24

Übungen zu 24. - Bilanzierung von Forderungen und Verbindlichkeiten in fremder Währung

Übung 94

Verbuchen Sie bitte folgenden Import zu Tageskursen.

17.11. Die Firma Rasper importiert von der Hadland-Glasfabrik in Norwegen, 33124, Glaswaren im Wert von NOK 20.000,-. Kurse: Valuten: 7,520 / 7,220
Devisen: 7,456 / 7,391

18.11. Die Firma Rasper überweist die EUSt in Höhe von € 546,20.

25.11. Die Versicherungs- und Frachtkosten für diese Glaswaren betragen € 450,- und werden sofort überwiesen.

10.12. Rasper leistet eine Teilzahlung durch Banküberweisung:
NOK 15.000,-. Die Bank rechnet zum Kurs von 7,404 um. An Spesen werden € 30,- verrechnet.

31.12. Die Restschuld ist zu bilanzieren. Kurs am Bilanzstichtag Valuten: 7,514 / 7,216
Devisen: 7,436 / 7,364

Das Konto 3310 und das Konto 7860 sind abzuschließen.

2800 Bank

Dat.	Text	Soll	Haben
	Div.	50.000	

Dat.	Text	Soll	Haben

Dat.	Text	Soll	Haben

Dat.	Text	Soll	Haben

Dat.	Text	Soll	Haben

Dat.	Text	Soll	Haben

Dat.	Text	Soll	Haben

Dat.	Text	Soll	Haben

Kommentar zu Ü 94

ad 17.11.: Die Entstehung der Verbindlichkeit bzw. des Wareneinkaufs wird zum Devisenverkaufskurs verbucht.

ad 18.11.: Die EUSt kann als Forderung gegenüber dem Finanzamt ausgewiesen werden.

ad 25.11.: Hier handelt es sich um Transport- und Versicherungskosten im Zusammenhang mit einem Wareneinkauf, daher sind diese Kosten am Konto 1600 zu aktivieren.

ad 10.12.: Die Bank rechnet zum Tageskurs am 10.12. um.
Die Verbindlichkeit ist mit dem Entstehungskurs ausgewiesen und daher mit diesem Kurs aus dem Personenkonto auszubuchen. Die Differenz zwischen beiden Kursen wird am Konto FW-Kursgewinne verbucht. Mit den Spesen ("Spesen des Geldverkehrs") wird das Bankkonto zusätzlich belastet.

ad 31.12.: Am Bilanzstichtag ist der Entstehungskurs mit dem Kurs am Bilanzstichtag zu vergleichen. Müssten wir per 31.12. mehr bezahlen, ist dieser Betrag in die Bilanz aufzunehmen (Höchstwertprinzip bei Verbindlichkeiten!).
Die Aufwertung erfolgt direkt auf dem Personenkonto. Der aufgewertete Betrag wird auf das Hauptbuchsammelkonto übertragen.

Nach Lösungsvergleich ⟶ weiter mit Übung 95

Übung 95

21.10.: Export von Maschinenersatzteilen nach Toronto, an S.Seigner (21012) um CAD 24.000,- Kurs für 1 Eur 1,463 / 1,397; CAD 10.000,- zahlbar am 21.11., Rest zahlbar am 21.1.

27.11.: Der Kontoauszug zeigt die Gutschrift, die Bank hat die CAD 10.000,- zum Kurs von 1,445 umgerechnet und unser Konto mit € 72,- an Spesen belastet.

31.12.: Kurse 1,480 / 1,415

Die noch offene Forderung ist entsprechend zu bewerten und gegen SBK auszuweisen.

21012 S. Seigner, Toronto

Dat.	T e x t	Soll	Haben

2100 FW-Forderungen, Sammelkonto

Dat.	T e x t	Soll	Haben

Dat.	T e x t	Soll	Haben

Dat.	T e x t	Soll	Haben

Dat.	T e x t	Soll	Haben

Dat.	T e x t	Soll	Haben

Dat.	T e x t	Soll	Haben

Dat.	T e x t	Soll	Haben

Kommentar zu Ü 95

Auf folgende Punkte sollten Sie bei der Lösung dieses Beispiels achten:

- Exporte sind echt steuerbefreit.
- FW-Forderungen sind mit dem Devisen-Ankaufskurs umzurechnen.
- Für FW-Forderungen gilt das strenge Niederstwertprinzip.
- Die Bewertung am Jahresende erfolgt zunächst über das Personenkonto.

Nach Lösungsvergleich ⟶ weiter mit Übung 96

Übung 96

Unsere Fremdwährungsforderungen setzen sich zusammen aus:

USD	5.000,- verbucht zum Kurs von 0,9497	€ 5.264,82
GBP	10.000,- verbucht zum Kurs von 0,6463	€ 15.472,69
CHF	20.000,- verbucht zum Kurs von 1,5156	€ 13.196,09

Unsere Fremdwährungsverbindlichkeiten setzen sich zusammen aus:

JPY	1,280.000,- verbucht zum Kurs von 117,2500	€ 10.916,84
SEK	108.400,- verbucht zum Kurs von 9,0578	€ 11.967,59

Am 31.12.20.. notiert der Euro wie folgt:

	Valuten Ankauf / Verkauf	Devisen Ankauf / Verkauf
CHF	1,5450 / 1,5010	1,5256 / 1,5128
GBP	0,6410 / 0,6190	0,6437 / 0,6379
JPY	119,15 / 114,35	116,6584 / 115,4016
SEK	9,2220 / 9,0820	9,1322 / 9,0678
USD	0,9610 / 0,9250	0,9537 / 0,9437

Aufgaben:

- Die Aufgaben sind in Form von Buchungssätzen im untenstehenden Raster auszuführen.

  Die FW-Forderungen und FW-Verbindlichkeiten sind mit ihrem erforderlichen Wert in der Schlussbilanz auszuweisen. D.h. die Kursdifferenzen sind zu ermitteln und zu verbuchen (wählen Sie für die einzelnen Kunden und Lieferanten sinnvolle Personenkonten).
  Die Abschlussbuchung des Kontos 2100 und 3310 ist darzustellen.
- Nebenrechnungen sind in übersichtlicher Form anzugeben.

Berechnung:

Kontonummer, Kontobezeichnung	Soll	Haben

Kommentar zu Ü 96

- Für Verbindlichkeiten ist das strenge Höchstwertprinzip anzuwenden. Das heißt, die Verbindlichkeit in JPY ist mit dem höheren Betrag in der Bilanz auszuweisen und ein Kursverlust ist zu verbuchen.
- Für Forderungen ist das strenge Niederstwertprinzip anzuwenden. Die Forderung in USD und CHF ist daher abzuwerten.Da der Kurs des EUR gegenüber dem GBP gefallen ist, würden wir zur Zeit einen größeren Betrag erhalten. Aufwertungen sind jedoch verboten, d.h.die GBP sind mit ihrem Entstehungsbetrag in die Bilanz aufzunehmen.
- Mit den zu bilanzierenden Werten sind die Hauptbuchsammelkonten gegen SBK abzuschließen.

Nach Lösungsvergleich

Informationen für die nächsten Übungsaufgaben
Informationsteil, Kapitel 25

Übungen zu 25. - Ermittlung und Bewertung des Wareneinsatzes (Verbrauches) und des Vorrates an Handelswaren, Roh-, Hilfs- und Betriebsstoffen

Übung 97

Zur Ermittlung des Handelswareneinsatzes (-verbrauches) stehen folgende Daten zur Verfügung:

Anfangsbestand	1.000	kg à € 3,--	
1. Zukauf	4.000	kg à € 2,75	am 25. Jänner
1. Abfassung	3.000	kg	am 10. Februar
2. Zukauf	4.000	kg à € 3,10	am 10. Juli
2. Abfassung	2.500	kg	am 12. August
3. Abfassung	2.500	kg	am 15. Oktober

Endbestand lt. Inventur: 980 kg; Tagespreis am Abschlußtag: € 2,90.
Die Zukäufe wurden am Bestandskonto verbucht.

Aufgaben:

1. Errechnen Sie bitte in übersichtlicher Form (Tabelle) den Verbrauch und den Endbestand mit Hilfe des **gleitenden Durchschnittspreisverfahrens**.
2. Geben Sie die Buchungssätze, einschließlich der Abschlussbuchungen an, die sich aus Aufgabe 1 ergeben.

Berechnung:

Kontonummer, Kontobezeichnung	Soll	Haben

Kommentar zu Ü 97

Beim gleitenden Durchschnittspreisverfahren bewirkt jeder Zukauf einen neuen Durchschnittspreis. Mit diesem Durchschnittspreis werden solange Abfassungen bewertet, bis ein neuer Wareneinkauf vorgenommen wird.

Beachten Sie bitte bei der Bewertung, dass für das Umlaufvermögen das strenge Niederstwertprinzip gilt!

Nach Lösungsvergleich ————→ weiter mit Übung 98

Übung 98

Anfangsbestand	20.000	Fässer zu je € 50,-
1. Zukauf	10.000	Fässer zu je € 55,-
2.Zukauf	20.000	Fässer zu je € 45,-

1. Abfassung	5.000	Fässer
2. Abfassung	10.000	Fässer
3. Abfassung	14.000	Fässer

Endbestand lt. Inventur: 20.500 Fässer, Preis am Abschlussstichtag € 47,-

Auf Grund obiger Daten sind zwei Bewertungsverfahren steuerlich zulässig.

Aufgabe 1:

Ermitteln Sie Wareneinsatz, Endbestand und einen eventuellen Schadensfall nach dem **gewogenen Durchschnittspreisverfahren**.

Gehen Sie davon aus, dass die Zukäufe sofort als Aufwand verbucht wurden und stellen Sie die Buchungssätze für die Korrektur des Verbrauchs, für einen eventuellen Schadensfall und für die Abschlussbuchungen des Kontos 1600 und des Kontos 5300 im untenstehenden Raster dar..

Berechnung nach dem gewogenen Durchschnittspreisverfahren:

Verbuchung nach dem gewogenen Durchschnittspreisverfahren (Zukäufe in Klasse 5):

Kontonummer, Kontobezeichnung	Soll	Haben

Aufgabe 2:

Ermitteln Sie Wareneinsatz, Endbestand und einen eventuellen Schadensfall nach dem **FIFO-Verfahren**

Gehen Sie davon aus, dass die Zukäufe in Klasse 1 verbucht wurden und stellen Sie die Verbuchung des Warenverbrauchs und eines eventuellen Schadensfalles in den untenstehenden Konten dar. Die verwendeten Konten sind abzuschließen.

Berechnung nach dem FIFO-Verfahren:

Verbuchung nach dem FIFO-Verfahren:

1600 HW-Vorrat

Dat.	Text	Soll	Haben
1.1.	9800	1,000.000	
	Zukäufe	1,450.000	

Dat.	Text	Soll	Haben

Dat.	Text	Soll	Haben

Dat.	Text	Soll	Haben

Kommentar zu Ü 98

ad Aufgabe 1

Der gewogene Durchschnittspreis ergibt sich aus Wertsumme (AB + Zukäufe) durch Mengensumme. Beachten mussten Sie, dass die Zukäufe gleich in Klasse 5 verbucht wurden. Es wurde jedoch mehr zugekauft als tatsächlich verbraucht wurde. Dieses Mehr erhöht den Bestand. Da der Preis am Bilanzstichtag niedriger ist als der gewogene Durchschnittspreis, ist der Ist-Endbestand entsprechend abzuwerten.

ad Aufgabe 2

FIFO bedeutet „first in – first out". Dieses Prinzip gilt sowohl für die Entnahmen als auch für einen eventuellen Schwund. D.h. in diesem Beispiel ist anzunehmen, dass aus dem ersten Zukauf Fässer „verschwunden" sind. Bei der Bewertung des Endbestandes ist hier darauf zu achten, dass sich der Endbestand aus zwei verschiedenen Partien zu unterschiedlichen Preisen zusammensetzt.

Nach Lösungsvergleich ⟶ weiter mit Ü 99

Übung 99

Folgende Daten sind bekannt:

AB	200 Rollen à € 40,-	€ 8.000,-
1. Zukauf	500 Rollen à € 38,-	€ 19.000,-
2. Zukauf	600 Rollen à € 35,-	€ 21.000,-
3. Zukauf	700 Rollen à € 36,-	€ 25.200,-

Die Zukäufe wurden in Klasse 5 sofort als Verbrauch verbucht.

Endbestand lt. Inventur 500 Rollen, Preis am Bilanzstichtag € 37,- pro Rolle.

Aufgaben:

1. Ermitteln Sie den mengenmäßigen Rohstoffverbrauch. Wählen Sie für seine Bewertung ein steuerlich zulässiges Verfahren aus.
2. Stellen Sie die Verbuchung der Korrektur des Verbrauchs und einen eventuellen Schadensfall in den untenstehenden Konten dar. Die verwendeten Konten sind abzuschließen.

Berechnung:

1100 Rohstoff-Vorrat

Dat.	Text	Soll	Haben
1.1.	9800	8.000	

5100 Rohstoff-Verbrauch

Dat.	Text	Soll	Haben
	Zukäufe	65.200	

Dat.	Text	Soll	Haben

Dat.	Text	Soll	Haben

Kommentar zu Ü 99

(1) In diesem Fall gibt es keine Aufzeichnungen über die Entnahmen, d.h. Sie mussten die Menge der Entnahmen indirekt ermitteln. Für die Bewertung gibt es zwei Möglichkeiten (beide sind als Lösung dargestellt): entweder das gewogene Durchschnittspreisverfahren oder das FIFO-Verfahren.

(2) Die Buchungen selbst sollten Ihnen keine Schwierigkeiten mehr bereiten.

Nach Lösungsvergleich ⟶ weiter mit Übung 100

Übung 100

Der Rohstoffbestand eines Industriebetriebes hat sich während des Jahres wie folgt verändert:

Anfangsbestand € 875.630,-
Einkäufe während des Jahres um € 4,748.160,-, verbucht am Konto 5100

Die Addition der Entnahmescheine ergibt einen Verbrauch von € 4,898.100,-
Der Endbestand beträgt auf Grund der Inventur € 724.890,-.

Aufgaben:

1. Ermitteln Sie den Rohstoffverbrauch.
2. Stellen Sie die Verbuchung obiger Tatbestände auf Konten dar. Schließen Sie die verwendeten Konten ab. Auf die Darstellung der Abschlusskonten ist zu verzichten.

Berechnung:

1100 Rohstoffvorrat

Dat.	Text	Soll	Haben
1.1.	9800	875.630	

5100 Rohstoffverbrauch

Dat.	Text	Soll	Haben
	Div.	4,748.160	

Dat.	Text	Soll	Haben

Dat.	Text	Soll	Haben

Kommentar zu Ü 100

(1) Zu vergleichen ist der Zukauf (Aufwand lt. Konto 5100) mit dem tatsächlichen Verbrauch. Der Verbrauch ist höher, das heißt, es wurde mehr verbraucht als in diesem Jahr zugekauft wurde. Teile des Bestandes des Vorjahres wurden zusätzlich verbraucht.

(2) Am Bestandskonto ist der Endbestand lt. Inventur auszuweisen. Die Differenz ist als Schadensfall auszubuchen.

Nach Lösungsvergleich

Informationen für die nächsten Übungsaufgaben
Informationsteil, Kapitel 26

Übung zu 26. - Bestandsveränderungen von unfertigen Erzeugnissen und Fertigerzeugnissen

Übung 101

Verbuchen Sie die Veränderung der Bestände an unfertigen Erzeugnissen und Fertigerzeugnissen und schließen Sie die verwendeten Konten gegen SBK und G+V ab. Auf die Darstellung der Abschlusskonten ist zu verzichten.

Endbestand an unfertigen Erzeugnissen: € 400.000,-
Endbestand an Fertigerzeugnissen: € 250.000,-
Die Anfangsbestände sind aus den Konten ersichtlich.

1500 unfertige Erzeugnisse

Dat.	Text	Soll	Haben
1.1.	9800	100.000	

1550 Fertigerzeugnisse

Dat.	Text	Soll	Haben
1.1.	9800	350.000	

Dat.	Text	Soll	Haben

Dat.	Text	Soll	Haben

Kommentar zu Ü 101

ad unfertige Erzeugnisse:

Der Bestand ist am Jahresende größer. Als Korrektur zum zuviel ausgewiesenen Aufwand erfolgt die Buchung im Haben des Kontos 4500.

ad Fertigerzeugnisse:

Es wurde mehr verkauft. Zum Aufwand der Jahreserzeugnisse kommen noch die Bestandsveränderungen durch Lagerentnahmen. Buchung daher am Konto Bestandsveränderungen im Soll (Aufwand).

Nach Lösungsvergleich

Neue Informationen
Informationsteil, Kapitel 27

Übung zu 27. - Bilanzierung von Anzahlungen

Übung 102

Per 30.11.20.. zeigen die Personen- und die Hauptbuchkonten den folgenden Stand (vgl. das Kontenbild).

Aufgabe:

Verbuchen Sie die nachfolgenden Geschäftsfälle für Dezember, die Anzahlungen sind nach Variante 1 (mit Interimskonto) zu verbuchen. Übertragen Sie die Summen der Personenkonten und schließen Sie die Hauptbuchsammelkonten ab.

7.12.: Der Kontoauszug zeigt eine Überweisung von Berger.
Unsere Forderung: 24.000,-, abzüglich 3 % Skonto (inkl. 20 % USt).

14.12.: Für den bei der Heinze AG bestellten größeren Posten Tischwäsche (Handelsware) überweisen wir eine Anzahlung in Höhe von € 24.000,-. Eine entsprechende Rechnung für diese Anzahlung haben wir erhalten. Lt. Kaufvertrag wird diese Wäsche Ende Jänner nächsten Jahres geliefert.

18.12.: Die Ausgleichsquote für unseren Kunden Zauner wurde festgelegt: 40 %.

21.12.: Kauf von Handelswaren von der Fritze OHG: € 30.000,- + 20 % USt zahlbar innerhalb von 8 Tagen.

27.12.: Wir übersenden an die Fritze OHG einen Verrechnungsscheck über € 10.000,- zum Teilausgleich obiger Warenlieferung.
Der Scheck wird heuer nicht mehr abgebucht.

28.12.: Kunde Freundlich überweist auf Grund unserer entsprechenden Rechnung eine Anzahlung in Höhe von € 12.000,- für div. Tisch- und Bettwäsche nach Maß. Wir haben als Liefertermin für diese Bestellung den 15. Jänner des nächsten Jahres vereinbart.

PERSONENKONTEN:

20001 K. Berger

Dat.	Text	Soll	Haben
	Div.	48.000	12.000

33001 Fritze OHG

Dat.	Text	Soll	Haben
	Div.	72.000	96.000

20002 F. Freundlich

Dat.	Text	Soll	Haben
	Div.	17.540	17.540

33002 Heinze AG

Dat.	Text	Soll	Haben
	Div.	48.000	118.000

20003 A. Zauner

Dat.	Text	Soll	Haben
	Div.	48.000	

HAUPTBUCHKONTEN:

2000 Lieferforderungen

Dat.	Text	Soll	Haben
	Ü1-11	113.540	29.540

3300 Lieferverbindlichkeiten

Dat.	Text	Soll	Haben
	Ü1-11	120.000	214.000

2800 Bank

Dat.	Text	Soll	Haben
	Div.	137.000	74.500

Dat.	Text	Soll	Haben

Dat.	Text	Soll	Haben

Dat.	Text	Soll	Haben

Dat.	Text	Soll	Haben

Dat.	Text	Soll	Haben

Dat.	Text	Soll	Haben

Dat.	Text	Soll	Haben

Dat.	Text	Soll	Haben

Dat.	Text	Soll	Haben

Dat.	Text	Soll	Haben

Dat.	Text	Soll	Haben

Dat.	Text	Soll	Haben

Kommentar zu Ü 102

Wir wollen uns in diesem Kommentar auf das Problem Anzahlung am Jahresende beschränken.

Die Anzahlung von Freundlich bedeutet eigentlich eine Verbindlichkeit gegen diesen Kunden, wir sind ihm eine Warenlieferung schuldig. D.h. durch diese Anzahlung ist natürlich nicht unser Gesamtstand an Forderungen geringer geworden. Wir müssen daher diese Anzahlung vom Konto 2000 auf das Konto 2070 "Interimskonto erhaltene Anzahlungen" umbuchen. Damit ist dieses Konto aufgelöst. Die Nettoanzahlung selbst geht vom Konto 3290 "Erhaltene Anzahlungen" in die Bilanz ein.

Unsere Anzahlung an die Heinze AG bewirkt nicht, dass wir Heinze jetzt weniger schulden (vgl. den ursprünglichen Stand am Personenkonto), sondern dass wir gegenüber Heinze eine Forderung haben. Wir müssen durch Umbuchung dieser „Forderung“ vom Konto 3300 auf das Konto 3370 "Interimskonto geleistete Anzahlungen" die Höhe der Lieferverbindlichkeiten richtig stellen. Die am Konto 1800 "Geleistete Anzahlung" verbuchte Nettoanzahlung geht in die Bilanz ein.

Nach Lösungsvergleich ——→ weiter mit Übung 103

Übung 103

4. 4.2002 Der Kleidererzeuger Matzner beginnt wegen Platzmangels mit dem Aufstocken seines Verwaltungsgebäudes. Die Baufirma Mayreder erhält auf Grund folgenden Kostenvoranschlages den Zuschlag:

Aufstockung Verwaltungsgebäude	€ 630.000,-
+ 20 % USt	„ 126.000,-
	€ 756.000,-

Anzahlung bei Auftragserteilung in Höhe von 200.000,- + 20 % USt.
Restbetrag der Endabrechnung zahlbar innerhalb von 30 Tagen ohne jeden Abzug.

20. 4.2002 Matzner überweist an Mayreder (33006) € 240.000,- als Anzahlung inkl. USt. Die dafür erforderliche Rechnung ist am 15.4. eingegangen.

31. 3.2003 Die Aufstockung ist abgeschlossen.
Die Endabrechnung lautet auf € 628.460,- zuzüglich 20 % USt.
Die neuen Räume werden mit 2. Mai bezogen.

Aufgaben:

(1) Stellen Sie den Buchungssatz für die Überweisung der Anzahlung am 20.4. nach Variante 1 (Interimskonto) dar.
(2) Geben Sie jenen Buchungssatz im Zusammenhang mit der Anzahlung und dem richtigen Ausweis der Verbindlichkeiten am 31.12. an.
(3) Geben Sie den Buchungssatz für den Erhalt der Endabrechnung an.
(4) Ermitteln Sie in übersichtlicher Form den Abschreibungsbetrag für 2003.
Das Verwaltungsgebäude wurde am 1.8.1986 in Betrieb genommen, ND 50 Jahre Nettoanschaffungskosten € 2,580.000,-
(5) Geben Sie den Buchungssatz für die Abschreibung für 2003 an. Die Verbuchung der Abschreibung erfolgt indirekt.

Dat., Jahr	Kontonummer, Kontobezeichnung	Soll	Haben

Berechnung der Abschreibung:

Kommentar zu Ü 103

Wir wollen unseren Kommentar nur auf den Ausweis des Anzahlungsbetrages am Jahresende beschränken.
Der Gesamtbetrag der Anzahlung wurde am 20.4. auf dem Lieferantenkonto Mayreder im Soll verbucht. Dieser Betrag ist auf das Hauptbuchsammelkonto "3300 Lieferverbindlichkeiten" übertragen worden.
Auf Grund dieser Übertragung würden die Lieferverbindlichkeiten um € 240.000,- geringer ausgewiesen. Unsere Schulden haben sich jedoch nicht durch eine geleistete Anzahlung verringert. Andererseits ist das Interimskonto aufzulösen. Durch diese Umbuchung gehen die Lieferverbindlichkeiten in ihrer richtigen Höhe in die Bilanz ein. Den Netto-Anzahlungsbetrag haben Sie bereits auf dem Konto 0700 ausgewiesen. Dieser Betrag ist zu bilanzieren.
Natürlich müssen Sie am 1.1. das Interimskonto wieder aus den Lieferverbindlichkeiten herauslösen. Sie benötigen das Interimskonto zur Auflösung der Anzahlungs-Buchung bei Erhalt der Endabrechnung.

Hatten Sie Probleme bei
- Verbuchung der Anzahlung selbst, arbeiten Sie bitte nochmals Kapitel 9.3.2.1 durch
- bei der Berechnung des Abschreibungsbetrages, arbeiten Sie bitte nochmals Kapitel 18.3.4.2 durch.

Bevor wir den "Jahresabschluss" im engeren Sinn besprechen, sollten Sie nochmals einen Jahresabschluss im Hauptbuch (ein "Kreislaufbeispiel") durchführen. Sie können mit diesem Beispiel viele Ihrer bisherigen Kenntnisse wiederholen.

Übung 104

Das Eröffnungsinventar per 1.1.20.. zeigt folgendes Bild:

1.	Vermögensgüter		
1.1.	Anlagevermögen		
	Geschäftsausstattung		€ 120.000,-
1.2.	Umlaufvermögen		
	Handelswaren (1.360 Fässer à € 100,-)	€ 136.000,-	
	Fertigerzeugnisse	€ 80.000,-	
	unfertige Erzeugnisse	€ 80.000,-	
	Kassabestand	€ 10.000,-	
	Bankguthaben	€ 50.000,-	
	Besitzwechsel a/Maier	€ 80.000,-	
	Lieferforderungen, Inland	€ 96.000,-	€ 532.000,-
	Gesamtvermögen		€ 652.000,-
2.	Verbindlichkeiten		
	Verbindlichkeiten aus Lieferungen, Inland	€ 220.100,-	
	Verbindlichkeiten Zahllast	€ 40.300,-	€ 260.400,-
			€ 260.400,-

Aufgaben:

1. Ermitteln Sie die Höhe des Eigenkapitals.
   Eröffnen Sie alle Konten unter Einbeziehung eines EBK.
   Die Konten sind nach unserem Kontenplan zu benennen und zu nummerieren.
   In der Textspalte ist die Nummer des Gegenkontos anzuführen.
2. Verbuchen Sie die laufenden Geschäftsfälle.
   Anstelle eines Datums führen Sie bitte die Nummer des Geschäftsfalles an. Die Einkäufe an Handelswaren sind in der Klasse 1 zu verbuchen. Die Zielkäufe bzw. Zielverkäufe (auch die ausländischen) sind aus Gründen der Einfachheit direkt auf die Konten 2000, 3300 bzw. 2100, 3310 zu buchen.

(1)	Wareneinkauf:	1.000 Fässer à € 100,-	€ 100.000,-
		+ 20 % USt	€ 20.000,-
			€ 120.000,-

Wir vereinbaren mit dem Verkäufer folgende Zahlungsmodalitäten:
Wir geben ihm unseren Besitzwechsel über € 80.000,- und zahlen noch € 42.400,- durch Banküberweisung.

(2) Export von 600 Fässern in die USA USD 4.500,- Devisenkurse 0,9970 / 0,9560.
Verbuchung zu Tageskursen (Zielverkauf).

(3) Warenverkauf frei Haus:	1.200 Fässer à € 150,-	€	180.000,-
(an Franz Wimmer)	- 10 % Mengenrabatt	€	18.000,-
		€	162.000,-
	+ 20 % USt	€	32.400,-
		€	194.400,-

zahlbar mit 2 % Skonto innerhalb von 8 Tagen oder 30 Tage Ziel.

(4) Für Transportkosten aus dem Verkauf zahlen wir € 1.200,- (inkl. 20 % USt) durch Übergabe eines Schecks. Der Scheck wurde in der Abrechnungsperiode nicht mehr eingelöst (exakte Verbuchung).

(5) Überweisung der Zahllast für November. Die Zahllast für November beträgt € 18.800,-. Am 15.12. wurde die Sondervorauszahlung in Höhe von € 12.700,- geleistet. Diese ist bei dieser Überweisung zu berücksichtigen.

(6) Wimmer (vgl. (3)) zahlt seine Schuld abzüglich 2 % Skonto durch Banküberweisung.

(7) Verkauf von Fertigerzeugnissen: € 80.000,- + 20 % USt auf Ziel.

(8) Die Forderung von Klein (€ 36.000,- inkl. 20 % USt - schon verbucht) ist nicht mehr sicher. Klein hat bisher alle Mahnungen unberücksichtigt gelassen. Wir rechnen daher nur mehr mit einem Eingang von 60 %.

3. Schließen Sie alle Konten unter Berücksichtigung folgender Abschlussangaben gegen SBK bzw. G+V ab und ermitteln Sie das Ergebnis.

(9) Endbestand an Handelswaren lt. Inventur: 500 Fässer; Preis am Abschlußstichtag: 90,-

(10) Endbestand an unfertigen Erzeugnisse: 50.000,-

(11) Endbestand an Fertigerzeugnissen: 100.000,-

(12) Devisenkurs für USD am 31.12.: 0,9945 / 0,9525.

(13) Planmäßige Abschreibung auf Geschäftsausstattung: 10 % von 200.000,- direkt

(14) Die Umsatzsteuerkonten sind gegen Zahllast abzuschließen.

9800 Eröffnungsbilanz

	Text	Soll	Haben

2000 Lieferforderungen

	Text	Soll	Haben

	Text	Soll	Haben

	Text	Soll	Haben

	Text	Soll	Haben

	Text	Soll	Haben

	Text	Soll	Haben

	Text	Soll	Haben

	Text	Soll	Haben

	Text	Soll	Haben

	Text	Soll	Haben

	Text	Soll	Haben

	Text	Soll	Haben

	Text	Soll	Haben

	Text	Soll	Haben

	Text	Soll	Haben

	Text	Soll	Haben

	Text	Soll	Haben

	Text	Soll	Haben

	Text	Soll	Haben

	Text	Soll	Haben

	Text	Soll	Haben

	Text	Soll	Haben

	Text	Soll	Haben

	Text	Soll	Haben

	Text	Soll	Haben

	Text	Soll	Haben

	Text	Soll	Haben

9850 Schlussbilanzkonto

	Text	Soll	Haben

9890 Gewinn- und Verlustkonto

	Text	Soll	Haben

Kommentar zu Ü 104

ad 1)

Wir schulden	€	120.000,-
wir zahlen bar	€	42.400,-
geben unseren Besitzwechsel in Höhe von	€	80.000,-
Die Differenz von	€	2.400,- sind Zinsen

Vgl. Kapitel 9.5.1 sowie 12.2.2

ad 2) Fremdwährungsforderungen werden zum höheren Ankaufskurs umgerechnet; daher USD 4.500 zu 0,9970. Wir buchen diesmal statt auf das Personenkonto direkt auf das FW-Forderungs-Sammelkonto (2100).

Vgl. Kapitel 13.4.4

ad 3) Sofort gewährte Rabatte sind in der Buchhaltung nicht zu berücksichtigen. Unsere Forderung an Wimmer beträgt € 194.400,-. Wir buchen jedoch bei diesem Beispiel statt auf das Personenkonto "Wimmer" direkt auf das Konto 2000 (Lieferforderungen - Sammelkonto im Hauptbuch).

Vgl. Kapitel 7.3.1

ad 4) Transportkosten für Warenverkäufe sind als Aufwand zu verbuchen. Die darin enthaltene Umsatzsteuer stellt eine Vorsteuer-Forderung an das Finanzamt dar. Wir stellen über den Rechnungsbetrag einen Scheck aus, der exakt, d.h. zunächst nicht über das Bankkonto, sondern über ein entsprechendes Verbindlichkeitenkonto auszuweisen ist.

Vgl. Kapitel 7.2.3 (Transportkosten) **bzw. 9.2.3** (Scheck)

ad 5) Die Zahllast für November kann gegen die Sondervorauszahlung aufgerechnet werden.

Vgl. Kapitel 5.2.6

ad 6)

Schuld Wimmers	€	194.400,-
- 2% Skonto	€	3.888,-
Banküberweisung	€	190.512,-

Der Skonto enthält USt, die a.H. herauszurechnen ist: $\frac{3.888 \times 20}{120}$

Der Nettoskonto in Höhe von € 3.240,- ist für uns eine Erlösminderung und ist daher am Konto 4440 im Soll zu buchen.
Die im Skonto enthaltene Umsatzsteuer verringert unsere Verbindlichkeit gegen das Finanzamt.

Vgl. Kapitel 9.4.3.3

ad 7) Wir haben eine Forderung für Umsatzerlöse und müssen für den Warenverkauf USt zahlen.

ad 8) Es kann nur die Nettoforderung berücksichtigt werden, da die tatsächliche Schadenshöhe noch nicht feststeht.
Wir berücksichtigen daher zunächst einen möglichen Ausfall von 40 % von 30.000,- = € 12.000,-. In dieser Höhe ist eine Einzelwertberichtigung zu verbuchen.

Vgl. Kapitel 20.5

ad 9) Es ist eine direkte Einsatzermittlung möglich.

Anfangsbestand	1.360	Fässer zu	100,-	€	136.000,-	
+ Zukäufe	1.000	Fässer zu	100,-	€	100.000,-	
	2.360	Fässer zu	100,-	€	236.000,-	
- Abfassungen	1.800	Fässer zu	100,-	€	180.000,-	= Verbrauch
SOLL-Endbestand	560	Fässer zu	100,-	€	56.000,-	
IST-Endbestand	500	Fässer				
Schwund	60	Fässer zu	100,-	€	6.000,-	
Abwertung	500	Fässer zu	10,-	€	5.000,-	Schadensfall
IST-Endbestand zu Tagespreisen	500	Fässer zu	90,-	€	45.000,-	

Vgl. Kapitel 25.2

ad 10)
ad 11) In beiden Fällen sind die Bestände zu korrigieren. Der Bestand an unfertigen Erzeugnissen ist kleiner geworden, der Bestand an Fertigerzeugnissen hingegen größer.

Vgl. Kapitel 26.1

ad 12) Da der USD-Kurs zum 31.12. für 1 EUR gesunken ist und wir einen höheren Betrag erhalten würden, sind die FW-Forderungen mit ihrem Entstehungskurs in die Bilanz aufzunehmen.

Vgl. Kapitel 24

Nach Lösungsvergleich

Informationen für die nächsten Beispielen
Informationsteil, Kapitel 28

Übungen zu 28.2 - Der Jahresabschluss unter Einschaltung einer Salden- und Buchungsliste

Übung 105

Aufgabe:

- Eröffnen Sie das Hauptbuch (auf die Darstellung des EBK ist zu verzichten) mit folgenden Anfangsbeständen:

  Geschäftseinrichtung € 131.000,-; LKW € 68.000,-; HW-Vorrat € 42.200,-; Kassa € 4.000,-; Bankguthaben € 28.000,-; Lieferverbindlichkeiten € 32.000,-; USt-Zahllast € 6.880,-.

- Verbuchen Sie nachfolgende laufende Geschäftsfälle. Anstelle eines Datums ist die Nummer des Geschäftsfalls anzugeben. In der Textspalte ist die Nummer des Gegenkontos anzuführen. Die Forderungen und Verbindlichkeiten sowie deren Zahlung sind direkt über die Hauptbuchsammelkonten 2000 bzw. 3300 zu verbuchen (d.h. ausnahmsweise **keine** Personenkonten).

  Die Hauptbuchkonten finden Sie am Ende der Aufgabenstellung.

  (1) Warenverkauf € 28.000,- + 20 % USt (= € 5.600,-), zahlbar innerhalb von 8 Tagen abzüglich 2 % Skonto oder netto innerhalb von 30 Tagen.

  (2) Der Kunde zahlt obige Verbindlichkeit abzüglich 2 % Skonto durch Banküberweisung.

(3) Banküberweisung an das Finanzamt € 4.327,- für Umsatzsteuer.

(4) Zahlung der Honorarnote unseres Steuerberaters: € 10.000,- + 20 % Ust durch Banküberweisung.

(5) Kauf von Handelswaren ab Werk, Barpreis € 10.000,- + 20 % USt. Wir verlangen ein Zahlungsziel von 3 Monaten und akzeptieren daher einen Wechsel über € 13.200,-.

(6) Transportkosten für obigen Warenkauf: € 600,- (inkl. 20 % USt), sofortige Überweisung.

(7) Warenverkauf € 40.000,- + 20 % Ust auf Ziel.

(8) Wir zahlen die Versicherungsprämie für 3 Monate im Voraus: € 1.200,- Banküberweisung.

(9) Privatentnahme aus der Kassa € 1.000,-

- Schließen Sie das VSt- und das Ust-Konto gegen Zahllast ab und ermitteln Sie danach die Salden der Hauptbuchkonten (zunächst mit Bleistift) und übertragen Sie diese in die Saldenliste (Sie finden diese im Anschluss an die Hauptbuchkonten).

An Um- und Nachbuchungen sind zu berücksichtigen:

(10) Endbestand an Handelswaren lt. Inventur € 30.500,-.

(11) Abschreibung der Geschäftsausstattung: 10 % p.a. von € 240.000,-. Die Abschreibung ist für einen Monat vorzunehmen (direkt).

(12) Abschreibung der Fahrzeuge: 20 % p.a. von € 360.000,-. Die Abschreibung ist für einen Monat vorzunehmen (direkt).

(13) 2 Monate der unter (8) bezahlten Versicherungsprämie sind abzugrenzen (Aufwand ist zu hoch ausgewiesen).

- Ermitteln Sie das Monatsergebnis auf einem Extrablatt.

Buchen Sie nun die Um- und Nachbuchungen im Hauptbuch und schließen Sie die Hauptbuchkonten gegen SBK bzw. G+V ab.

2800 Bank

Dat.	Text	Soll	Haben	Dat.	Text	Soll	Haben

Dat.	Text	Soll	Haben	Dat.	Text	Soll	Haben

Dat.	Text	Soll	Haben

Dat.	Text	Soll	Haben

Dat.	Text	Soll	Haben

Dat.	Text	Soll	Haben

Dat.	Text	Soll	Haben

Dat.	Text	Soll	Haben

Dat.	Text	Soll	Haben

Dat.	Text	Soll	Haben

Dat.	Text	Soll	Haben

Dat.	Text	Soll	Haben

Dat.	Text	Soll	Haben

Dat.	Text	Soll	Haben

Dat.	Text	Soll	Haben

Dat.	Text	Soll	Haben

Dat.	Text	Soll	Haben

Dat.	Text	Soll	Haben

Dat.	Text	Soll	Haben

Dat.	Text	Soll	Haben

Dat.	Text	Soll	Haben

Dat.	Text	Soll	Haben

SALDENLISTE per 31.12.20..								
Kto. Nr.	Kontobezeichnung	Salden		Umbuchungen		Bel.		
		Soll	Haben	Soll	Haben		+	-

Kommentar zu Ü 105

Wir beschränken diesen Kommentar lediglich auf die Abschlussarbeiten (Um- und Nachbuchungen, Ergebnisermittlung), d.h. auf die Saldenliste, die Umbuchungen und die Ermittlung des Jahresergebnisses.

Sollten Sie noch Probleme bei einer der laufenden Buchungen gehabt haben, müssten Sie selbst das entsprechende Kapitel nochmals durcharbeiten.

ad Saldenliste

Zunächst werden die Salden in die Saldenliste übertragen und auf der größeren ("richtigen") Seite eingesetzt. Die Summen der Soll- und Habenspalte müssen gleich hoch sein.

ad Um- und Nachbuchungen:

(9) Der Wareneinsatz ist indirekt zu ermitteln. Er ergibt sich aus der Differenz zwischen Anfangsbestand + Zukäufe (Sollseite des Kontos 1600) und dem Endbestand.

Der Wareneinsatz ist Aufwand. Das Konto HW-Verbrauch ist zu eröffnen, d.h. zunächst ist in der Saldenliste dafür eine eigene Zeile vorzusehen. Die Doppelspalte Um- und Nachbuchungen stellt in der Zeile Wareneinsatz das Konto dar. Es ist daher der Verbrauch in Höhe von € 22.200,- in der Zeile 5300 im Soll der Um- und Nachbuchungen einzusetzen.

Der Verbrauch korrigiert den zu hoch ausgewiesenen Bestand am Konto 1600. Er ist daher in der Zeile Warenvorrat im Haben der Um- und Nachbuchungen einzusetzen.

Für diese Umbuchung erstellen wir den Beleg U 1.

Der HW-Verbrauch vermindert den Gewinn (Aufwand), daher ist in der letzten Spalte in der Zeile 5300 einzusetzen: -

(10) 10 % von 240.000,- = € 24.000,- für 12 Monate, für 1 M = € 2.000,-.
Die Abschreibung ist direkt zu verbuchen, d.h.
in der Zeile planmäßige Abschreibung im Soll der Um- und Nachbuchungen
und in der Zeile Geschäftseinrichtung im Haben der Um- und Nachbuchungen.

Für diese Umbuchung erstellen wir den Beleg U 2.
Die Abschreibung ist Aufwand und vermindert den Gewinn, daher: -

(11) 20 % von € 360.000,- = € 72.000,- für 12 Monate, für 1 M = 6.000,-.
Eintragung in die Tabelle wie unter (10) erklärt.
Beleg U 3.

(12) Die Versicherungsprämie für 3 Monate wurde mit € 1.200,- ausgewiesen. Das ist für 2 Monate zu viel. Der Aufwand ist daher um € 800,- zu kürzen. Er wird über das Aktive Rechnungsabgrenzungskonto in die neue Periode übertragen.

In der Zeile ARA sind die € 800,- im Soll der Um- und Nachbuchungen einzusetzen, in der Zeile Versicherungsaufwand im Haben der Um- und Nachbuchungen.

Für diese Umbuchung stellen wir Beleg U 4 aus. Durch die Kürzung des Aufwandes wird unser Gewinn erhöht, +

(-) Das Privatkonto ist gegen das Eigenkapitalkonto abzuschließen. Diese Umbuchung ist erfolgsneutral.

Beleg U 5, keine Auswirkung auf das Jahresergebnis.

(-) Man hätte auch die Salden des VSt- und des USt-Kontos in die Saldenliste aufnehmen und erst hier die Umbuchung auf das Zahllastkonto vornehmen können.

ad Ermittlung des endgültigen Jahresergebnisses

Sie addieren die Salden der Aufwand- und Ertragskonten aus der Saldenliste und bilden die Differenz = vorläufiges Jahresergebnis.

Zu diesem Ergebnis addieren Sie alle erfolgserhöhenden Umbuchungen (in unserem Beispiel die Verminderung des Versicherungsaufwandes) und ziehen alle erfolgsmindernden Umbuchungen ab (in unserem Beispiel den HW-Verbrauch, die beiden Abschreibungen). Nun erhalten Sie das endgültige Jahresergebnis.

ad Abschluss des Hauptbuches

Übertragen Sie nun alle Um- und Nachbuchungen in die Hauptbuchkonten und schließen Sie diese gegen SBK bzw. G+V ab. Ermitteln Sie nun den Gewinn im Hauptbuch. Natürlich muss dieser Gewinn jenem entsprechen, den Sie bereits auf Grund der Um- und Nachbuchungen in der Saldenliste errechnet haben.

Nach Lösungsvergleich ⟶ weiter mit Übung 106

Übung 106

Aufgabe:

Tragen Sie in die ausgedruckte Saldenliste die Umbuchungen ein und ermitteln Sie das endgültige handelsrechtliche Jahresergebnis und bezeichnen Sie es entsprechend mit Gewinn oder Verlust.

SALDENLISTE per 31.12.2002								
Kto. Nr.	Kontobezeichnung	Salden		Umbuchungen		Bel.		
		Soll	Haben	Soll	Haben		+	-
0640	LKW	83.000,00						
0690	Kum. Abschr.		33.200,00					
0920	WP Anlagevermögen	3.200,00						
1500	Unfert. Erzeugnisse	28.000,00						
1550	Fertigerzeugnisse	41.000,00						
2000	Lieferforderung	26.400,00						
2080	Einzel-WB		1.360,00					
2100	FW-Forderungen	25.868,10						
2800	Bank	4.302,00						
3250	Darlehen		200.000,00					
4000	Umsatzerlöse		142.762,00					
6000	Löhne	82.140,00						
7850	Sonst. betr. Aufwand	92.846,00						
8100	Zinserträge fest.WP		70,00					
8290	Zinsen f. Darlehen	28.000,00						
9000	Eigenkapital		27.364,10					
9620	Rückl. § 12 EStG		10.000,00					
		414.756,10	414.756,10					

Um- und Nachbuchungen:

1) Der Endbestand an unfertigen Erzeugnissen beträgt € 12.000,-;
der Endbestand an Fertigerzeugnissen beträgt € 35.000,-.

2) Wir haben selbst eine Garage erbaut. Die Garage wurde bereits am 5.12. fertiggestellt und in Betrieb genommen. Bezüglich der Aktivierung wurde noch keine Buchung vorgenommen. Es wurden lediglich bis jetzt folgende Aufwände verbucht:

Löhne	€	45.000,-
Sonstiger betrieblicher Aufwand	€	60.000,-

Prüfen Sie, ob die ausgewiesene Rücklage gem. § 12 EStG (gebildet beim Ausscheiden eines LKW mit Totalschaden am 20.12. des Vorjahres) gegen die Garage aufgelöst werden darf. Wenn ja, ist die Rücklage aufzulösen.

Die Garage ist mit 5 % direkt abzuschreiben.

3) Abschreibung auf die LKW 20 % vom Anschaffungswert, Verbuchung indirekt.

4) Unsere Fremdwährungsforderungen setzen sich zusammen aus

JPY 1,200.000,- zum Entstehungskurs von 116,653 / 115,433
GBP 10.000,- zum Entstehungskurs von 0,6418 / 0,6358

Kurs am Bilanzstichtag
für JPY: 116,825 / 115,675
für GBP: 0,6410 / 0,6350

5) Wir haben Zinsen für das Darlehen in Höhe von € 16.000,- am 1.10. für 1 Jahr im Voraus bezahlt.

6) In den Lieferforderungen ist die Forderung an Müller in Höhe von € 8.400,- (inkl. 20% USt) enthalten. Da Müller trotz wiederholter Mahnungen nicht zahlt, rechnen wir mit einem Ausfall von 60 %.

7) Bei den Wertpapieren des Anlagevermögens handelt es sich um Nominale 3.200 5 % Bundesanleihe zum Kurs von 100. Die Zinsen werden jährlich am 1.8. im Nachhinein abzüglich 25 % KESt gutgeschrieben.

Kommentar zu Ü 106

ad 1) Vgl. Kapitel 26.1

ad 2) Aktivierung der Garage: vgl. Kapitel 18.3.4
Auflösung der Rücklage: vgl. Kapitel 23.3.2
Abschreibung der Garage: vgl. Kapitel 18.3
Auflösung der Bewertungsreserve: vgl. Kapitel 23.3.2
Die Garage wurde erst in der zweiten Jahreshälfte in Betrieb genommen.

ad 3) Vgl. Kapitel 18.3

ad 4) Vgl. Kapitel 24.

ad 5) Aktives Transitorium, für 9 Monate wurden zu viele Zinsen ausgewiesen - vgl. Kapitel 21.2.1

ad 6) Für 60% der Nettoforderung, d.s. € 7.000,- ist eine Einzelwertberichtigung zu bilden, d.s. € 4.200,- .

erforderliche Einzel-WB	€ 4.200,-	
vorhandene Einzel-WB	€ <u>1.360,-</u>	
noch zu bilden	€ 2.840,-	Vgl. Kapitel 20.5

ad 7) Es sind noch die Zinsen für 5 Monate ausständig, dieser Zinsertrag ist einzubuchen. Es handelt sich um eine aktive Antizipation – vgl. Kapitel 21.3.1

Nach Lösungsvergleich ——————→ weiter mit Übung 107

Übung 107

Erstellen Sie auf Grund der ausgedruckten Saldenliste die Umbuchungsliste und ermitteln Sie das Jahresergebnis. Geben Sie an, ob es sich um einen Gewinn oder Verlust handelt.

SALDENLISTE per 31.12.20..

0640	LKW	65.000,00	
0690	Kumulierte Abschreibungen		22.500,00
1600	Handelswaren-Vorrat	338.000,00	
2000	Lieferforderungen	12.000,00	
2700	Kassa	18.000,00	
2800	Bank	136.000,00	
3080	Rückstellung Beratungsaufw.		1.000,00
3250	Darlehen		35.000,00
3300	Verbindlichkeiten Inland		22.400,00
3310	Verbindlichkeiten Ausland		4.933,67
4000	Umsatzerlöse		418.520,00
7850	Sonst. betriebl. Aufwand	42.000,00	
8290	Zinsen für Darlehen	2.700,00	
9000	Eigenkapital		108.646,33
9400	Privat	2.500,00	
9620	RL gem. § 12 EStG		3.200,00
		616.200,00	616.200,00

1) Wir zahlen Darlehenszinsen in der Höhe von € 1.800,- jeweils am 1.10. und am 1.4. im nachhinein. Die letzte Zahlung erfolgte am 1.10. des Abschlussjahres in Höhe von € 1.800,-.

2) Bitte ermitteln Sie den HW-Verbrauch, Endbestand bzw. eventuelle Schadensfälle auf Grund folgender Angaben nach dem steuerlich zulässigen genauesten Verfahren. Die Zukäufe wurden in Klasse 1 verbucht.

Anfangsbestand	1000 t zu € 20,-
1. Zukauf	4000 t zu € 21,- am 10.1.
2. Zukauf	13.000 t zu € 18,- am 28.6.
1. Abfassung	2.000 t am 15.3.
2. Abfassung	2.000 t am 17.4.
3. Abfassung	13.000 t am 30.10.
Endbestand	800 t

Preis am Abschlußstichtag: € 19,- je t.

3) Unsere Anlagenkartei zeigt folgendes Bild:

	Anschaffungswert	Buchwert 1.1.20..	Abschreibung
LKW 1	25.000,-	2.500,-	20 % linear
LKW 2	40.000,-	-,-	20 % linear

Die Anschaffung von LKW 2 wurde bereits verbucht.

Für beide LKW ist die Abschreibung vorzunehmen (kein Erinnerungseuro). LKW 2 wurde am 1.12. des Abschlussjahres angeschafft und in Betrieb genommen Wenn möglich ist die vorhandene RL gem. § 12 EStG auf diesen LKW zu übertragen. Er ist die einzige Anlagenanschaffung im heurigen Jahr. Diese Rücklage wurde am 12.12. des Vorjahres beim Verkauf einer Presse gebildet.

4) Unsere Fremdwährungsverbindlichkeiten resultieren aus SEK 45.000,- zum Kurs von 9,121. Kurs am Bilanzstichtag: 9,104.

5) Für das Honorar unseres Steuerberaters ist eine Rückstellung zu bilden. Wir schätzen die Honorarnote auf € 2.000,- + 20% USt. Die vorhandene Rückstellung ist gegen sonstigen betrieblichen Aufwand aufzulösen. Sie betraf die Honorarnote des Steuerberaters für das Vorjahr, die heuer als laufender Aufwand in Höhe von € 1.800,- zuzügl. 20 % USt verbucht wurde.

BUCHUNGSLISTE			Datum:	Seite:		
Beleg	Soll Konto Nr.	Haben Konto Nr.	Buchungstext	Betrag	+	-

Ermittlung des endgültigen Jahresergebnisses:

Kommentar zu Ü 107

ad 1) Die Zinsen für 3 Monate sind im Abschlussjahr noch auszuweisen (1.10. bis 31.12.); € 1.800,- für 6 Monate, daher für 3 Monate € 900,-.

Der Zinsaufwand ist um € 900,- höher auszuweisen. Da wir den Betrag noch nicht bezahlt haben, müssen wir dafür eine Verbindlichkeit in der Bilanz ausweisen.

Vgl. Kapitel 21.3.2

Beleg U 1
Auswirkung auf den Erfolg: erfolgsmindernd, daher -

ad 2) Hier muss das gleitende Durchschnittspreisverfahren angewendet werden:

Anfangsbestand	1.000 t	zu € 20,00	=	€	20.000,-		
+ 1. Zukauf	4.000 t	zu € 21,00	=	€	84.000,-		
	5.000 t	zu € 20,80		€	104.000,-		
- Abfassung	4.000 t	zu € 20,80	=	€	83.200,-	=	Verbrauch
	1.000 t	zu € 20,80	=	€	20.800,-		
+ 2. Zukauf	13.000 t	zu € 18,00	=	€	234.000,-		
	14.000 t	zu € 18,20	=	€	254.800,-		
- Abfassung	13.000 t	zu € 18,20	=	€	236.600,-	=	Verbrauch
Sollendbestand	1.000 t	zu € 18,20	=	€	18.200,-		
Istendbestand	800 t						
Schwund	200 t	zu € 18,20	=	€	3.640,-		
Istendbestand	800 t	zu € 18,20	=	€	14.560,-		

Beachten Sie: strenges Niederstwertprinzip!

Vgl. Kapitel 25.3.2

Beleg U 2 für den Verbrauch
Beleg U 3 für den Schwund
Auswirkung auf den Erfolg in beiden Fällen: –

ad 3) Abschreibung der beiden LKWs:

LKW 1:	nur noch	€ 2.500,-	(Restbuchwert)
LKW 2:		€ 4.000,-	(10 %, da in der 2. Jahreshälfte in Betrieb genommen)

Vgl. Kapitel 18.2

Beleg U 4
Auswirkung auf den Erfolg: –

Die Rücklage gem. § 12 EStG kann auf den neuen LKW übertragen werden.

Beleg U 5
Keine Auswirkung auf den Erfolg.

Die Bewertungsreserve ist jedoch entsprechend der Abschreibung des LKW erfolgserhöhend aufzulösen.

Beleg U 6
Auswirkung auf den Erfolg: +

Vgl. Kapitel 23.3

ad 4) Für Verbindlichkeiten gilt das strenge Höchstwertprinzip.
Die Verbindlichkeiten sind daher aufzuwerten.

Vgl. Kapitel 24.

Beleg U 7
Die Kursdifferenz als Aufwand hat eine gewinnmindernde Wirkung: -

ad 5) Die vorhandene Rückstellung ist gegen das Aufwandkonto (hier 7850) aufzulösen.

Beleg U 8
Auswirkung auf den Erfolg: +

Für die heurigen Arbeiten des Steuerberaters ist eine Rückstellung in Höhe von € 2.000,- zu bilden.

Beleg U 9
Auswirkung auf den Erfolg: –

Vgl. Kapitel 22.2

Nach Lösungsvergleich ———→ weiter mit Übung 108

Übung 108

Erstellen Sie auf Grund untenstehender Angaben und dem Ausschnitt aus der Saldenliste per 31.12.2002 die Umbuchungsliste und ermitteln Sie das handelsrechtliche Jahresergebnis. Geben Sie an, ob es sich um einen Gewinn oder Verlust handelt.

Ausschnitt aus der Saldenliste zum 31.12.2002

0640 LKW	110.000
0690 Kum. Abschreibung LKW	55.000
2080 Einzel-WB zu Forderungen	4.800
4600 Erlöse aus Anlagenabgang	60.000
9500 Bewertungsreserve Maschinen	2.000

1) Der LKW wurde am 3.8 1999 in Betrieb genommen. ND 5 Jahre, Abschreibung indirekt (vgl. Konto). Am 2.4. d.J. wurde der LKW verkauft (vgl. Kto 4600). Es wurde bisher nur der Verkaufserlös verbucht. Alle Buchungen im Zusammenhang mit dem Ausscheiden dieses LKW sind noch durchzuführen.

2) Folgende Forderungen (alle enthalten 20 % USt) scheinen nicht voll einbringlich zu sein:

   Forderung an Berger in Höhe von € 2.400,- Berger hat seine Zahlungen eingestellt. Wir rechnen mit einem Ausfall von 40 %.

   Forderung an Müller in Höhe von € 7.200,-. Müller hat den Ausgleich beantragt. Es wird mit einer Quote von 40 % gerechnet.

3) Wir erhalten die Miete für einen von uns vermieteten Lagerraum jeweils am 1.2., 1.5., 1.8. und 1.11. für 3 Monate im Voraus. Pro Quartal € 2.880,- inkl. 20 % USt

4) Die ausgewiesene Bewertungsreserve wurde 1994 in Höhe von 10.000,- auf eine Maschine mit einer Nutzungsdauer von 10 Jahren übertragen. Die Maschine gehört weiterhin zum Betriebsvermögen.

Vorläufiger Verlust: € 24.260,-

BUCHUNGSLISTE			**Datum:**	**Seite:**		
Beleg	Soll Konto Nr.	Haben Konto Nr.	Buchungstext	Betrag	+	-

Ermittlung des endgültigen Jahresergebnisses:

Kommentar zu Ü 108

ad 1) Der LKW ist im Abschlussjahr noch ein halbes Jahr abzuschreiben. Anschließend ist die kumulierte Abschreibung aufzulösen und der Restbuchwert auszubuchen – **vgl. Kapitel 18.4.2**

ad 2) Von den beiden Nettoforderungen ist die erforderliche Wertberichtigung zu ermitteln und mit dem am Konto 2080 ausgewiesenen Betrag zu vergleichen. In unserem Fall ist die Wertberichtigung zu verringern – **vgl. Kapitel 20.5**

ad 3) Hier handelt es sich um eine fremde Vorauszahlung, wir müssen den Mietertrag um einen Monat verringern. Beachten Sie jedoch, dass nur die Nettomiete zu korrigieren ist – **vgl. Kapitel 21.4. bzw. 21.2.2**

ad 4) Die Bewertungsreserve ist entsprechend der Abschreibungsdauer aufzulösen. D.h. für 2002 wieder mit 10 % des ursprünglichen Betrages, d.h. um € 1.000,- - **vgl. Kapitel 23.3**

Bei der Ermittlung des endgültigen Jahresergebnisses ist zu beachten, dass ein vorläufiger Verlust vorliegt. D.h. erfolgsmindernde Umbuchungen erhöhen diesen Verlust, erfolgserhöhende Umbuchungen verringern ihn.

Nach Lösungsvergleich

Neue Informationen
Informationsteil, Kapitel 28.3

Übung zu 28.3 - Jahresabschluss unter Einschaltung einer Abschlusstabelle

Übung 109

Berücksichtigen Sie in der Abschlusstabelle (S. 164) - gegeben ist die Saldenbilanz - folgende Um- und Nachbuchungen:

1) Ermitteln Sie den Wareneinsatz, den Endbestand und eventuelle Schadensfälle nach dem FIFO-Verfahren:

Anfangsbestand	20.000	Stück zu je € 4,00
1. Zukauf	10.000	Stück zu je € 4,80
2. Zukauf	40.000	Stück zu je € 3,80

Abfassungen insgesamt 45.000 Stück
Endbestand lt. Inventur 24.000 Stück
Preis am Abschlußstichtag: € 4,20 pro Stück

2) Wir haben am 1.12. Versicherungsprämie in Höhe von € 6.000,- für ein halbes Jahr im voraus bezahlt (schon verbucht).
Nehmen Sie die Abgrenzung vor.

3) Für die Abrechnung unseres Steuerberaters bilden wir eine Rückstellung in Höhe von € 1.500,-.

4) Für ein von uns gewährtes Darlehen in Höhe von € 20.000,- erhalten wir jeweils am 1.8. und 1.2. Zinsen für 1/2 Jahr im nachhinein. Den nächsten Zinsertrag in Höhe von € 600,- erwarten wir am 1.2. des Folgejahres.

Das Jahresergebnis ist in einer gesonderten Zeile auszuweisen.

Kto.Nr.	Kontobezeichnung	Saldenbilanz		Um-/Nachbuchungen		Vermögensbilanz Erf		Erfolgsbilanz	
		Soll	Haben	Soll	Haben	Soll	Haben	Soll	Haben
Klasse 0	Anlagen	50.000							
1600	HW-Vorrat	280.000							
2350	Gewährtes Darlehen	20.000							
2700	Kassa	8.000							
3300	Lieferverbindlichkeiten		30.100						
3520	Zahllast		10.200						
4000	Umsatzerlöse		250.000						
7700	Versicherungen	6.000							
7850	sonst .betriebl. Aufwand	38.000							
8070	Zinserträge Darlehen		700						
9000	Eigenkapital		116.000						
9400	Privat	5.000							
		407.000	407.000						

Kommentar zu Ü 109

ad 1)

	20.000 à 4,00	10.000 à 4,80	40.000	à 3,80		€	280.000,-
Abfassungen	20.000 à 4,00	10.000 à 4,80	15.000	à 3,80	=	€	185.000,-
Sollendbest.	-,-	-,-	25.000	à 3,80	=	€	95.000,-
Istendbest.			24.000	à 3,80	=	€	91.200,-
Schwund			1.000	à 3,80	=	€	3.800,-

Da für das Umlaufvermögen das strenge Niederstwertprinzip zu beachten ist, ist der Endbestand zum Einstandspreis von 3,80 zu bilanzieren. **Vgl. Kapitel 25.3.4**

ad 2) Abgrenzung Versicherungsprämie.
Wir haben 5 Monate zu viel bezahlt, d.s. € 5.000,-.
Um diesen Betrag ist der Versicherungsaufwand zu verringern. Da die Versicherungsprämie bereits bezahlt wurde (aktives Transitorium) ist der zu viel ausgewiesene Betrag über das Konto 2900 (Aktive Rechnungsabgrenzung) in das neue Jahr zu übertragen.

Vgl. Kapitel 21.2.1

ad 3) **Vgl. Kapitel 22**

ad 4) Wir haben noch Darlehenszinsen vom 1.8. bis 31.12. zu erhalten und zu verbuchen. Am 1.2. des Folgejahres erhalten wir € 600,- für 1/2 Jahr im nachhinein. Für das Abschlussjahr ist daher noch ein Zinsertrag für 5 Monate, d.s. € 500,- auszuweisen.

Da wir den Betrag noch nicht erhalten haben, weisen wir für ihn eine Forderung (Sonstige Forderungen) aus.
Den Zinsertrag weisen wir in Klasse 8, auf dem Konto 8070 aus. **Vgl. Kapitel 21.3.1**

ad Privatentnahmen) Vergessen Sie nicht, das Privatkonto ist in der Spalte Um- und Nachbuchungen gegen das Eigenkapitalkonto aufzulösen.

Setzen Sie das um die Privatentnahme verminderte Anfangskapital in die Vermögensbilanz ein, ermitteln Sie die Summen der Soll- und Habenspalte der Vermögensbilanz und der Erfolgsbilanz. Der Saldo beider Spalten muss gleich groß sein.

Nach Lösungsvergleich

Neue Informationen
Informationsteil, Kapitel 28.4

Übung zu 28.4 - Vom handelsrechtlichen zum steuerrechtlichen Jahresergebnis

Übung 110

Auszug aus der Saldenliste der Schönthaler OHG zum 31.12.2002

0630	PKW	18.400,-	
2090	Pauschale-WB zu Forderungen		4.800,-
3110	Rückstellung für Produkthaftung		32.100,-
4900	Erträge aus der Auflösung von WB		2.400,-
7680	Bewirtung Inland abzugsfähiger Teil	440,-	
7681	Bewirtung Inland nicht abzugsfähiger Teil	517,-	
7853	Dotation Rückstellung für Produkthaftung	12.300,-	
8060	Zinserträge aus Bankguthaben		4.568,-
8100	Zinserträge aus festverzinslichen Wertpapieren		16.500,-

Der PKW wird handelsrechtlich auf 5 Jahre indirekt abgeschrieben. Beachten Sie bitte, dass PKW steuerrechtlich auf 8 Jahre abzuschreiben sind.

Beachten Sie, dass die gesamte Rückstellung für Produkthaftung steuerlich nicht mehr zulässig ist. Handelsrechtlich wird sie dagegen weiterhin an den erforderlichen Stand (1 % der Umsätze) angepasst. Daher ist diese Anpassung jeweils für die Ermittlung des steuerrechtlichen Jahresergebnisses zu korrigieren.

Hinsichtlich der Zinserträge ist zu beachten, dass diese abzüglich KESt ausgewiesen sind (auch bei Personengesellschaften sind die Zinserträge endbesteuert).

Bei den Erträgen aus der Auflösung von Wertberichtigungen handelt es sich um aufgelöste Pauschalwertberichtigungen, da der Forderungsstand am Jahresende geringer war als im Vorjahr.

Variante A: handelsrechtlicher Gewinn € 138.700,-

Variante B: handelsrechtlicher Verlust € 93.100,-

Ermitteln Sie auf einem Extrablatt in übersichtlicher Form für Variante A und B das steuerpflichtige Jahresergebnis.

Kommentar zu Ü 110

ad PKW
Die handelsrechtliche Abschreibung beträgt 20 % von € 18.400,-, d.s. € 3.680,-. Steuerrechtlich ist jedoch der Anschaffungswert auf 8 Jahre zu verteilen, d.h. es können nur € 2.300,- als Aufwand angesetzt werden. Die Differenz erhöht den Gewinn bzw. verringert den Verlust.
Vgl. Kapitel 19

ad Konto 4900
Da Pauschalwertberichtigungen steuerlich nicht anerkannt sind, hat deren gewinnerhöhende Auflösung auch keinen Einfluss auf das steuerliche Jahresergebnis. D.h. dieser Ertrag vermindert den steuerrechtlichen Gewinn bzw. erhöht den steuerrechtlichen Verlust.
Vgl. Kapitel 20.6

ad Konto 7681
Nur die Hälfte der Netto-Bewirtungsspesen sind unter bestimmten Voraussetzungen steuerlich anerkannt. 50 % der gesamten Bewirtungsspesen (inkl. USt) sind steuerlich jedoch keinesfalls anerkannt. Dieser Betrag erhöht daher den steuerrechtlichen Gewinn bzw. vermindert den steuerrechtlichen Verlust.
Vgl. Kapitel 15.5

ad Konto 7853
Die Dotation (Aufwand) erhöht den steuerrechtlichen Gewinn.
Vgl. Kapitel 22

ad Zinserträge
Die Zinserträge aus Bankguthaben und für die festverzinslichen Wertpapiere sind mit 25 % KESt endbesteuert, d.h. sie unterliegen nicht der Einkommensteuer. Die Nettozinserträge vermindern daher den steuerpflichtigen Gewinn bzw. erhöhen den Verlust.

Vgl. Kapitel 10.2

Nach Lösungsvergleich ———→ weiter mit Übung 111

Übung 111

Gehen Sie bitte zurück zu Übung 106.

Ermitteln Sie auf Grund folgender Tatbestände und des von Ihnen bereits ermittelten handelsrechtlichen Jahresergebnisses das steuerrechtliche Jahresergebnis und bezeichnen Sie es als Gewinn oder Verlust:

- Es handelt sich um ein Einzelunternehmen.
- Die Geldbeschaffungskosten für das Darlehen betrugen bei Darlehensaufnahme am 1.4.2000 € 9.600,-. Das Darlehen hat eine Laufzeit von 6 Jahren.

Ermittlung des steuerrechtlichen Jahresergebnisses:

Nach Lösungsvergleich

Neue Informationen
Informationsteil, Kapitel 28.5

Übungen zu 30.2 - Das Kassabuch und der Kassenbericht

Übung 112

a) Erstellen Sie den Kassenbericht Nr. 28 für den 10. Februar 20.. für das Einzelunternehmen Franz Buch. Im Kassenbericht sind die Beträge brutto anzuführen.

b) Ermitteln Sie die Beträge für die Sammelbuchung

c) Stellen Sie die Verbuchung der Belege im Hauptbuch nach der Nettomethode dar (als Buchungsliste)

Letzte Belegnummer:	KA 104 KE 28
Kassaanfangsbestand:	€ 1.275,80

Tatbestände:

Bitte die Beträge **nicht** runden.

(1) Unser Kunde Klein zahlt seine Schuld (auf Konto 20040 verbucht) € 2.862,- (inkl. 20 % USt).

(2) Für das Service für unseren LKW zahlen wir € 327,20 + 20 % USt.

(3) Zahlung der Einkommensteuer mittels Erlagscheines bar: € 1.800,-.

(4) Kauf von Handelswaren gegen Barzahlung: € 600,- - 5 % Skonto + 20 % USt.

(5) Einzahlung auf unser Bankkonto € 2.000,-

(6) Tageslosung € 999,12 (inkl. 20 % USt = € 166,52)

Der Kassasturz ergibt einen Endbestand von € **255,28.**

Kassenbericht Nr. vom:

Kassenbestand des Vortages		
Einnahmen		
1. Tageslosung		
2. Sonstige		
Summe		
Ausgaben		
3. Lieferanten		
4. Geschäftsausgaben		
5. Privatentnahmen		
6. Sonstige Ausgänge		
Summe Ausgänge		
Sollendbestand		
Bestand lt. Kassasturz		
Manko/Überschuss		

Unterschrift Ort, Datum

Beleg	**Sollbetrag**	**Habenbetrag**	**Konto**
Summe			
Kassasammelbuchung			
Soll gleich Haben			

Nach Lösungsvergleich → weiter mit Übung 113

Übung 113

Erstellen Sie den Kassenbericht für den 13.11.20.. für das Elektrofachgeschäft Leucht & Lampe. Im Kassenbericht sind die Beträge brutto anzuführen.

Letzter Kassenbericht Nr. 207
Kassaanfangsbestand € 537,24
Tatbestände - siehe Belege

Anmerkungen zu den Belegen:

K 1018: Das Grundgeschäft wurde bereits verbucht
K 1021: Das Grundgeschäft wurde bereits verbucht Die Elektrogroßhandels Gesmbh hat die Personenkonto Nr. 33004
K 1022: Erhielt der Inhaber bei einer Privatfahrt.

Der Kassasturz ergibt einen Kassaendbestand am 13.11. in Höhe von € 2.816,39.

Verbuchen Sie die Belege im Hauptbuch nach der Nettomethode (Buchungsliste).

K 1018

Nettobetrag € ______ Wien, den 13.11. 20..
+ ___ % MWSt. € ______
Gesamtbetrag € 1.299,--
von Gudrun Schreiner, Kto. Nr. 20038
Euro
In Worten Eintausendzweihundertneunundneunzig

für Zahlung AR 385/20..
richtig erhalten zu haben, bescheinigt hiermit Leucht & Lampe
1060, Mariahilferstr. 81

Lampe

K 1019

Briefmarken € 60,--

Tabak-Spezialitäten
HELGA HAUSER
MARIAHILFERSTR. 72
1070 Wien

13. 11. 20..

K 1020 **PAPIER-BÜRO MASTNAK**
Neubaugasse 31
1070 Wien

Anz.	Datum 13.11. 20..	Preis	Euro	
4	Ordner	2,10	8,	40
1	Buch		9,	50
1	EDV-Zubehör		31,	40
2	Blocks	3,70	7,	40
	Total		56,	70
	Davon Ust.		9,	45
	Netto		47,	25
	Besten Dank für Ihren Einkauf!			

papier büro mastnak
Neubaugasse 31
1070 Wien

…er: Tel. 0222 / 523 345 71

… oder Umtausch ist dieser Kassenzettel vorzulegen.

bene B 2090

P.S.K. K 1021

ERLAGSCHEIN - EURO

EUR Betrag: 4 7 0 4 5

Kontonummer EmpfängerIn: 7 7 2 6 9 0 5 6
BLZ Empfängerbank: 6 0 0 0 0
Empfängerbank: P S K

EmpfängerIn: E L E K T R O G R O S S H A N D E L S G M B H.

EURO

Verwendungszweck: R E. N R. 7 3 8 9
4 8 5,- -
- 3 % Skonto 1 4,5 5
4 7 0,4 5

Unterschrift AuftraggeberIn - bei Verwendung als Überweisungsauftrag

Kontonummer AuftraggeberIn
BLZ-Auftragg./Bankverm.

AuftraggeberIn/EinzahlerIn - Name und Anschrift
L E U C H T & L A M P E
M A R I A H I L F E R S T R. 8 1
1 0 6 0 W I E N

Wien 13.-11.-20.. 1070

005

1-2690 (10.98) 1 - DVR: 0043184

Bitte dieses Feld nicht beschriften und nicht bestempeln! Die gesamte Rückseite ist von Bedruckung oder Beschriftung …

K 1022

Behördenkennzahl

19

Organstrafverfügung Nr. 238906

Gemäß § 50 des Verwaltungsstrafgesetzes (VStG 1950)

Auf Grund der erhaltenen Ermächtigung wurde eine Geldstrafe von ....

Euro 30,-- (dreißig) eingehoben.

Grund (Tat): § 1 Abs. 1 lit. a KÜV (Parkuhr)

begangen in Tulln, Kinlergasse 11

am 13.11.20.. um (von – bis) 16:15 Uhr

Tulln, 13.11.20.. — Ort, Datum

Kornberger — Unterschrift

01 BH Amstetten	08 BH Horn	15 BH Neunkirchen	23 Bundespolizeidirktion St. Pölten
02 BH Baden	09 BH Korneuburg	17 BH St. Pölten	24 Bundespolizeidirektion Wr. Neustadt
03 BH Bruck/Leitha	10 BH Krems	18 BH Scheibbs	25 Mag. Krems
04 BH Gänserndorf	11 BH Lilienfeld	19 BH Tulln	26 Mag. Waidhofen/Ybbs
05 BH Gmünd	12 BH Melk	20 BH Waidhofen/Thaya	27 Bundespoldir. Schwechat
06 BH Wien-Umgebung	13 BH Mistelbach	21 BH Wr. Neustadt	
07 BH Hollabrunn	14 BH Mödling	22 BH Zwettl	

Kassenbericht Nr. vom:

Barbestand bei Geschäftsschluss		
Ausgaben		
1. Lieferanten		
2. Geschäftsausgaben		
3. Privatentnahmen		
4. Sonstige Ausgänge		
Summe		
5. Kassenbestand des Vortages		
= Kassaeingang		
6. Sonstige Eingänge		
= Tageslosung		

Unterschrift Ort, Datum

Beleg	Sollbetrag	Habenbetrag	Konto
Summe			
Kassasammelbuchung			
Soll gleich Haben			

Nach Lösungsvergleich → weiter mit Übung 114

Übung 114

Ermitteln Sie die Tageslosung mittels Kassenberichtes Nr. 102 für den 6.5.20.. für das Elektro-Installationsunternehmen Lukas Eder unter Berücksichtigung der nachfolgenden Belege.

Kassaanfangsbestand € 196,49
Kassaendbestand lt. Kassasturz € 412,86

EINGANG Nr. K 317

Kassa empfängt:

netto EUR 457,80

+ ____ % Mwst EUR

Gesamtbetrag EUR 457,80

Euro in Worten vierhundertsiebenundfünfzig

von Firma Peter Mohren

Ausgleich AR 1352

Heiligeneich am 6. 5. 20 ____ Unterschrift Eder

K 318

• 256489562158495		
COMPUTERTISCH PROFI	B	89,90
• 526984562158965		
SORTIERKASTEN 6/7/9	B	9,90
• 265895412365895		
PINWAND MAGNET	B	10,00
• 526584565741203		
MAGNET RUND FARBSORT	B	5,45
• 896589215603256		
MAGNET RUND FARBSORT	B	5,45

POSTEN
SUMME 120,70

WARENWERT BRUTTO: 120,70
MWSt. B 20 % 20,12
WARENWERT – NETTO: 100,58

Bon	Fil.Ka.Bed.	Datum	Zeit	Vors.
0395	0425/022/120	06.05.20..	15:45	VA00

ꝛHAUS TULLN
nit beschränkter Haftung
ı (0 22 72) 24 16, 25 21
:on (0 22 72) 25 16/20

Filiale 3451 MICHELHAUSEN; Telefon (0 22 75) 272
Filiale 3441 JUDENAU; Telefon (0 22 74) 338
Filiale 30004 RIED; Telefon (0 22 71) 22 24

ılln, Königstettner Str. 101
022 72) 42 95
HG-Markt Kl. 22 DW

K 319

DVR: 0021776

Herr/Frau/Firma — Bei Zahlung bitte Kunden- und Rechnungs-Nr. anführen.

LUKAS EDER Kd. Nr. 17705
3452 HEILIGENEICH

VERKAUFS-RECHNUNG
Rechnungs-Nr.: 12416

Datum: 06. 05. 20..

Rechn.-Dat. = Lieferdatum

Einheit	Ware	Menge	Preis ohne Ust.	Betrag	Ust.
	NITROVERDÜNNUNG	4	3,15	12,60	20
			Netto	12,60	
			Ust.	2,52	
			Summe	15,12	

BARRECHNUNG

K 320

Pall – Papier
Wolfgang Pall

Papier
Büro
Schreibwaren

3430 TULLN, WIENER STRASSE 18
Telefon (0 22 72) 25 62

Fa. Eder, Heiligeneich

Anz.	Datum 6. 5. 20..	Preis	EUR	ct
1	Kassa-Ausgang		5	70
	Preis inkl. 20 % Mwst			

BEZAHLT
6. Mai 20..
PALL-PAPIER

Bei Irrtum oder Umtausch ist dieser Zettel vorzulegen.

18 - 01631

Stiepandruck 2296

U 3441 Judenau

JUDENAU 06.-5.0.-17 3441

1120 000 4 0023426 5

Abgabepost	Gebühr	Gewicht
3441	3,30 –	08

K 322

ZAHLSCHEIN - EURO

EUR

Betrag: ++912,10

Kontonummer EmpfängerIn: 12-1069

BLZ - Empfängerbank: 20.111

EmpfängerIn: UNIQA Versicherungs AG - Sachversicherung

E U R O

Unterschrift AuftraggeberIn - bei Verwendung als Überweisungsauftrag

Kontonummer AuftraggeberIn

BLZ-Auftragg./Bankverm.

AuftraggeberIn/EinzahlerIn - Name und Anschrift

HEILIGENREICH 06.-5.0.-17 3452

Verwendungszweck:
Kraftfahrzeug TU - AT2
2060/483947- 0 08/01 -
06/02
LKW FIAT 146 D
PRAEMIE
Stand 910706

009

12-1069 00020111> 70+

Bitte dieses Feld nicht beschriften und nicht bestempeln! Die gesamte Rückseite ist von Bedruckung oder Beschriftung freizuhalten!

Kassabericht Nr. __________ vom __________ 20__

EUR

Barbestand bei Geschäftsschluß __________

Ausgaben: Vorsteuer | Netto-/Brutto Betrag

1. Lieferanten:

2. Geschäftsausgaben:

3. Privatentnahmen:

4. Sonstiges:

Vorsteuer

Zusammen

5. Abzüglich Kassenbestand des Vortages __________

= Kasseneingang __________

6. Abzüglich sonstige Eingänge __________

Bareinnahmen = Tageslosung

Barbestand heute . . . .

ab Einlage in die Hauptkasse . . . . . .

Kassastand für morgen (Pkt. 5) . . . . .

Kundenanzahl

__________, am __________ __________

Omega Lager-Nr. 100 Unterschrift

Hinweis:
Dieser "Kassenbericht" trennt die Vorsteuer und den Nettobetrag sofort. Versuchen Sie, ihn auszufüllen!

Nach Lösungsvergleich

Neue Informationen (die letzten)
Informationsteil, Kapitel 31

Übungen zu 31. - Die Einnahmen-Ausgaben-Rechnung

Übung 115

Ihre Aufgabe:

Tragen Sie bitte in der Lösungstabelle ein, ob und mit welchem Betrag der betreffende Tatbestand in der Einnahmen-Ausgabenrechnung **2002** sowohl nach der Brutto- als auch nach der Nettomethode zu berücksichtigen ist.

Ist der Tatbestand nicht zu berücksichtigen, machen Sie im Raster einen Strich. Geben Sie für jede Ihrer Entscheidungen in der letzten Spalte eine stichwortartige Begründung an.

Beachten Sie: Ein etwaiger Einnahmenüberschuss ist nicht zu ermitteln.

Tatbestand	**Bruttomethode**		**Nettomethode**		**Begründung**
	Einnahme	Ausgabe	Einnahme	Ausgabe	
2002 haben wir insgesamt ER in Höhe von € 57.840,- inkl. 20% USt erhalten. Überwiesen haben wir davon 2002 € 33.600,-					
14.11.02: Kauf einer neuen Büroausstattung um € 24.000,- + 20% USt. Zahlungsziel 2 Monate, die Rechnung wird daher 2002 nicht nicht mehr überwiesen. Inbetriebnahme am 16.11.02, ND 10 Jahre					
28.12. Private Warenentnahme, Einstandspreis € 360,- Verkaufspreis € 610,-, jeweils zuzügl. 20% USt					
2.12.: Überweisung der Betriebsversicherung für die Monate Dez., Jän. und Feb., in Summe € 660,-					
Offene Ausgangsrechnungen per 31.12. 2002: € 32.670,- inkl. 20% USt					
10.12.02: Wir überweisen für das Betriebsdarlehen € 10.000,- an Rückzahlung und € 3.000 an Zinsen für 1/2 Jahr im Voraus.					

Kommentar zu Ü 115

Stellen Sie sich bei jedem Geschäftfall die folgenden Fragen, wenn Sie überlegen, ob dieser Tatbestand in der Einnahmen-Ausgabenrechnung aufzunehmen ist:
- Hat der Zahlungsvorgang bereits stattgefunden?
- Ist dieser Tatbestand erfolgswirksam?

Durchbrochen wird diese Grundregel bei den Anlagen und bei der privaten Warenentnahme.

Sie wissen bereits, bei der Bruttomethode werden alle Beträge inkl. USt (Ausnahme: Eigenverbrauch) angesetzt, auch die in diesem Jahr bezahlten Zahllasten sind anzusetzen.

Nach Lösungsvergleich ——————→ weiter mit Übung 116

Übung 116

Per 30.11. ergeben sich folgende, steuerlich relevante Summen der Einnahmen und Ausgaben eines Altwarenwarenhändlers

Summe der Einnahmen per 30.11.	€ 360.000,-
Summe der Ausgaben per 30.11.	€ 240.000,-

Alle nachfolgenden Tatbestände betreffen den Dezember des laufenden Jahres und sind in den obigen Zahlen noch nicht berücksichtigt.

Alle umsatzsteuerrelevanten Tatbestände (Käufe, Verkäufe) sind brutto, d.h. inklusive USt angegeben. USt soweit nicht anders angegeben, 20 %.

(A) Ermitteln Sie den Überschuss der Einnahmen über die Ausgaben für das laufende Jahr sowohl **nach der Brutto- als auch nach der Nettomethode.**
Berücksichtigen Sie auch Abschreibungen, soweit sie sich aus den nachfolgenden Angaben ergeben.

(B) Ermitteln Sie die Zahllast für Dezember. Der Unternehmer versteuert nach vereinnahmten Entgelten.

(1)	Barverkäufe Dezember	€	18.000,-
(2)	Zielverkäufe Dezember	€	6.000,-
(3)	Rechnungseingänge aus Zielverkäufen November	€	9.000,-
(4)	Möbeleinkäufe als Handelsware von einer Geschäftsauflösung, auf Ziel	€	4.500,-
(5)	Einkauf von Beleuchtungskörpern als Handelsware aus einer Geschäftsauflösung, bar	€	3.000,-
(6)	Kauf eines Computers für das Büro, bar (Nutzungsdauer 5 Jahre)	€	12.000,-
(7)	Kauf von Regalen für das Lager, auf Ziel (Nutzungsdauer 10 Jahre)	€	15.000,-
(8)	Bezahlung einer Rechnung für Büromaterial vom November	€	1.500,-
(9)	Vorauszahlung der Geschäftsmiete für Jänner (inkl. 20 % USt)	€	3.600,-
(10)	Zahllast USt-Oktober - Überweisung	€	3.000,-
(11)	Bezahlung einer Rechnung über die Anschaffung eines Verkaufpultes vom September dieses Jahres (Nutzungsdauer 10 Jahre)	€	9.000,-
	Abschreibungen laut Anlagenverzeichnis	€	25.000,-

Ob sich aus den Positionen (6), (7) und (11) zusätzliche Abschreibungen im Abschlussjahr ergeben, ist zu prüfen. Sie sind jedenfalls in der gegebenen Zahl (€ 25.000,-) nicht enthalten.

Ferner wurden folgende Umsatzsatzsteuerzahllasten, soweit sie bereits fällig waren, termingerecht, d.h. jeweils am 15. des übernächsten Monats überwiesen:

Zahllast für November und Dezember des Vorjahres	€	8.000,-
Zahllast für Jänner - bis September des lfd. Jahres	€	32.000,-
Zahllast für Oktober, vgl. Angabe, Punkt (10)		

Die Zahllast für November wurde mit € 4.000,- errechnet. Sie wird am 15.1. überwiesen. Zahllast für Dezember ist lt. Angabe zu errechnen.

Machen Sie diese Aufstellungen in übersichtlicher Form auf einem Extrablatt.

Nach Lösungsvergleich ————→ weiter mit Übung 117

Übung 117

Beachten Sie bitte:

- Die Einnahmen-Ausgaben-Rechnung ist nach der Bruttomethode vorzunehmen.
- Die Zahllast ist nach den vereinnahmten Entgelten zu berechnen.

o Im Dezember werden folgende Belege dem Steuerberater übergeben:

- **Bankbelege**
  - -- über Zahlungseingänge für Warenverkäufe auf Ziel (aus den Vormonaten) in Höhe von € 2.700,- (inkl. 20 % USt)
  - -- über den Eingang des bewilligten Darlehens (für das Unternehmen) in Höhe von € 20.000,-
  - -- über eine Barabhebung für die Geschäftskasse in Höhe von € 500,-
  - -- über Überweisung diverser früher erhaltener Rechnungen (für Wareneinkäufe, div. Aufwände) in Summe € 4.800,- inkl. 20 % USt.
- **Kassaausgangsbelege** für Wareneinkäufe und Zahlung div. Reparaturen: € 1.800,- (inkl. 20 % USt)
- **Kassaeingangsbelege** für Warenverkäufe in Summe € 2.400,- (inkl. 20 % USt)
- **ER** für Zielkäufe, in Summe € 3.840,- (inkl. 20 % USt)
- **AR** für Zielverkäufe, in Summe € 4.620,- (inkl. 20 % USt)
- **Eigenbelege** über
  - -- Privatentnahme aus der Kassa (nicht in obigen Kassabelegen enthalten) in Höhe von € 200,-
  - -- Privatentnahme von Waren, Nettoeinstandspreis € 550,- (20 % USt)

o Der Steuerberater hat die bisherigen Einnahmen in Summe mit € 33.600,-, die bisherigen Ausgaben in Summe mit € 20.400,- vorgemerkt. In diesen Beträgen sind die Zahllasten nicht enthalten.

o **An USt-Zahllast wurden berechnet und wenn erforderlich termingerecht geleistet**

November des Vorjahres	€	480,-
Dezember des Vorjahres	€	1.240,-
Jän. - Okt. dieses Jahres	€	8.470,-
Nov. dieses Jahres	€	1.140,-

o Aus der **Anlagenkartei** entnimmt der Steuerberater folgende Daten:

- Afa der Altanlagen: € 3.800,-
- Anschaffung eines PCs im heurigen Jahr, Netto-AW € 1.800,-, Inbetriebnahme am 4.3., Nutzungsdauer 5 Jahre

Aufgabe:

Schlüpfen Sie in die Rolle des Steuerberaters und

- erstellen Sie die Einnahmen-Ausgaben-Rechnung für das heurige Jahr
- ermitteln Sie die Zahllast für Dezember dieses Jahres.

Machen Sie Ihre Aufstellungen in übersichtlicher Form auf einem Extrablatt

Kommentar zu Ü 117

Die Schwierigkeiten in diesem Beispiel liegen wahrscheinlich bei den Positionen "Darlehen", "Barabhebung für die Geschäftskasse" und "Geldentnahme aus der Kassa für private Zwecke". Diese Tatbestände stellen zwar Zahlungsvorgänge dar, haben jedoch keine Auswirkung auf den Gewinn bzw. den Verlust des Unternehmens.

Sie sollten sich daher bei jedem Tatbestand im Rahmen der Einnahmen-Ausgaben-Rechnung folgende Fragen überlegen:
- Liegt ein Zahlungsvorgang vor?
- Ist dieser Zahlungsvorgang erfolgswirksam?

Private Waren- und Leistungsentnahmen sind **immer netto** anzusetzen. Die USt auf die Privatentnahme erhöht die Zahllast, ist jedoch **nicht als Betriebsausgabe** anzusehen (in diesem Fall ist der Unternehmer Letztverbraucher). Dieses Problem würde jedoch erst das Folgejahr betreffen.

Nach Lösungsvergleich ——————▸ weiter mit Übung 118

Übung 118

Bitte tragen Sie für die folgenden Tatbestände in die Tabelle ein:

- o In welchem Monat und mit welchem Betrag die Umsatzsteuer bzw. die Vorsteuer in die Zahllast eingeht. Anzugeben ist der Monat für den die Zahllast errechnet wird und nicht der Monat, in dem sie dem Finanzamt gemeldet und abgeführt wird. Kennzeichnen Sie die Beträge mit VSt (Vorsteuer) bzw. USt (Umsatzsteuer).
- o In welchem Jahr und mit welchem Betrag sich aus den gegebenen Tatbeständen eine Einnahme bzw. eine Ausgabe im Sinn der Einnahmen- und Ausgaben-Rechnung ergibt. Kennzeichnen Sie Einnahmen in der Betragsspalte mit (+) und Ausgaben mit (-). Gehen Sie dabei nach der **Bruttomethode** vor.
  Aus dem Geschäftsfall (1) können Sie die Art der Lösung erkennen.

Ergibt sich aus einem Geschäftsfall eine Abschreibung, ist sie ebenfalls sofort zu berücksichtigen und einzutragen.

Selbstverständlich können bei einzelnen Geschäftsfällen Spalten leer bleiben.

		Zahllastermittlung Betrag	Zahllastermittlung Monat	Einnahme-Betrag (+) Ausgabe-Betrag (-)	Ausgabe-Jahr
(1)	Handelswareneinkäufe bar, am 12. Dezember 2002, € 12.000,-	VSt 2.000,-	Dez.	(-) 12.000,-	2002
(2)	Anzahlung für Handelswaren, am 15. Dezember 2002, € 15.000,- inkl. 20 % USt				
(3)	Lieferung der unter (2) angezahlten Handelswaren am 10. Feber 2003, Gesamtrechnungsbetrag € 36.000,- inkl. 20 % USt auf Ziel				
(4)	Überweisung des Restbetrages von € 21.000,- der Rechnung aus Geschäftsfall (3) am 10.3.				
(5)	Lieferung eines Schreibtisches für das Büro, samt Rechnung, auf Ziel, über € 2.400,- am 15. Dez. 2002, Nutzungsdauer 10 Jahre.				
(6)	Bezahlung der Rechnung lt. (5) am 20. Februar 2003				
(7)	Überweisung der Zahllast für Nov. 2002 - € 14.000,- am 15. Jänner 2003				
(8)	Anzahlung eines Kunden durch Banküberweisung am 10. Nov. 2002, € 6.000,- inkl. 20 % USt				
(9)	Lieferung der Ware lt. (8), am 15. Dezember 2002, Gesamtrechnungsbetrag € 15.000,- inkl. 20 % USt auf Ziel.				
(10)	Kunde bezahlt Restbetrag von € 9.000,- lt. Punkt (8)/(9) am 10. Jänner 2003 bar.				
(11)	Anschaffung einer neuen Registrierkasse samt Rechnung am 1. Dezember 2002 (Nutzungsdauer 5 Jahre) um € 12.000,- abzüglich Eintauschgerät € 3.000,- Restbetrag € 9.000,- auf Ziel. Anmerkung: Altgerät voll abgeschrieben.				
(12)	Bezahlung des Restbetrages lt. (11) von € 9.000,- am 1. März 2003 bar.				

Kommentar zu Ü 118

(2) HW-Einkauf: Vorsteuer bei Anzahlungen immer Istsystem.
Betriebsausgabe: Istsystem, brutto, daher (-) € 15.000,-

(3) Vorsteuer nur mehr Differenz,
Betriebsausgabe: Istsystem, keine Zahlung

(4) Betriebsausgabe jetzt, daher (-) 18.000,-

(5) Anlagenanschaffung: Vorsteuer: Sollsystem (bei Lieferung) Abschreibung: Soll (bei Inbetriebnahme - Zahlung irrelevant), halbe Quote für 2002, vom Anschaffungswert **ohne USt**.

(6) Bei Zahlung wird die Vorsteuer auf Anlagen als Betriebsausgabe verrechnet.

(7) Überwiesene Zahllast ist Betriebsausgabe in der Zahlungsperiode.

(8) Warenverkäufe: Istsystem, daher USt und Betriebseinahme (brutto) im November 2002 für die Anzahlung.

(9) Vgl. (8), für USt und Betriebseinnahme irrelevant.

(10) Vgl. (8), USt und Betriebseinnahme brutto für Restbetrag.

(11) Anlagenanschaffung: Vorsteuer - Sollsystem bei Lieferung,
Betriebsausgabe: Abschreibung ab Inbetriebnahme (de facto ab Lieferung)

Als Anschaffungswert gilt der Betrag vor Abzug des Eintausches, jedoch **netto, ohne USt**.

Der Wert des Eintauschgeräts wird als "Barverkauf" behandelt und erhöht daher brutto (inkl. USt) die Einnahmen und die USt erhöht die Zahllast im Dezember.

(12) Die Vorsteuer auf Anlagenkäufe stellt bei Bezahlung der Rechnung zusätzlich eine Betriebsausgabe dar.

- Praktische Lösung:
  Rechnung wird im März 2003 bezahlt, daher volle Vorsteuer als Betriebsausgabe ansetzen € 2.000,- (vgl. Lösung)
- Theoretisch richtige Lösung:
  Rechnung wird in zwei Teilbeträgen bezahlt
  a) Durch Hingabe des Eintauschgutes im Dez. 02 € 3.000,-
     Darin 1/6 = € 500,- USt. Diese € 500,- könnten im Dez. als Betriebsausgabe geltend gemacht werden.
  b) Durch die Zahlung des Restes im März 2003 € 9.000,-
     Darin 1/6 = € 1.500,- USt als Betriebsausgabe im März.

Anmerkung:
In der Praxis wird häufig die Vorsteuer auf Anlagen auch ohne Rücksicht auf die Zahlung im Monat der Rechnungslegung als Betriebsausgabe verrechnet.

Nach Lösungsvergleich ⟶ sollten Sie sich eine längere Pause gönnen und
und später nochmals jene Übungsbeispiele durchgehen,
bei denen Sie Probleme hatten.

Notizen

Notizen